FELIZ SIN CARNE
y sano

Nota:
los tiempos de cocción que se indican en las recetas
son orientativos y pueden variar según la forma de proceder de
cada persona y las características de la cocina o el horno utilizados.

Medidas:
cucharada = 15 ml
cucharadita = 5 ml

© Naumann & Göbel Verlagsgesellschaft mbH de
VEMAG Verlags- und Medien Aktiengesellschaft, Colonia
www.apollo-intermedia.de

Traducción: Esther Blasco para Equipo de Edición S.L., Barcelona
Redacción y maquetación: Equipo de Edición S.L., Barcelona

Producción completa: Naumann & Göbel Verlagsgesellschaft mbH, Colonia
Impreso en España

ISBN 3-625-11096-2

FELIZ SIN CARNE
y sano

Índice

Introducción 6

Ensaladas 14

Verduras y setas 34

Huevos y quesos 60

Patatas... 78

Arroz y pasta.. 104

Cereales y legumbres 126

Pescado y marisco 148

Índice de recetas 160

Feliz sin carne

¿Está pensando en dejar de comer carne?
¿O quizá simplemente en reducir el consumo
de proteínas y grasas de origen animal? Nosotros
le demostramos que se puede comer muy bien
sin necesidad de carne. En este libro encontrará
una gran variedad de nuevas y sabrosas recetas
de ensaladas, verduras, setas, huevos, patatas,
arroz, pasta, cereales, pescado y marisco.
Disfrute de una dieta sana, equilibrada
y deliciosa sin carne.

Disfrutar sin comer carne

Cada vez se tiende más a renunciar por completo a la carne o, como mínimo, a reducir el consumo de grasas y proteínas animales por distintos motivos: hay quien ha perdido el apetito escandalizado por las noticias sobre la explotación masiva del ganado, y quien ha decidido alimentarse teniendo más en cuenta la salud y menos la satisfacción que produce el comer carne. También hay quien desea hacerlo por principios éticos. Sean cuales sean los motivos, lo que está claro es que quien no come carne no tiene por qué renunciar al placer y a la variedad, sino que puede llevar a su mesa y saborear a diario y sin ninguna dificultad los platos más exquisitos. En resumen, tanto si lo que desea es dejar de comer carne como intentar comer menos, los siete capítulos de este libro le ayudarán a transformar su cocina. Aquí encontrará sabrosos y refinados platos que le harán olvidarse de los embutidos y la carne. Garantizado. Los pilares fundamentales que pasarán a sostener la variedad de su dieta serán las ensaladas, las verduras, las setas, la pasta, el arroz, el queso, los huevos, los cereales y las legumbres, además del pescado y el marisco.
Esto no supone en absoluto renunciar a ningún placer. Ya pasaron aquellos tiempos en los que comer bien era sinónimo de comer carne. El placer de la buena mesa no tiene por qué depender del consumo de carne.

Alimentarse de forma equilibrada sin carne

¿Por qué comemos? La respuesta es muy simple: constantemente consumimos energía que hay que sustituir. La comida nos proporciona proteínas, hidratos de carbono, grasas, sustancias minerales, vitaminas y fibra que el cuerpo transforma en energía. Esos elementos, necesarios para la vida, deben estar correctamente equilibrados entre sí. Por eso el equilibrio debería ser la base de toda comida, tanto si se come carne como si no. Pero tenga en cuenta que abandonar la carne no significa en absoluto poner en peligro el aporte equilibrado de sustancias nutritivas y minerales al organismo, porque todas esas sustancias están presentes también en los productos vegetales, los lácteos, los huevos y el pescado.

Proteínas

Las proteínas son necesarias para el cuerpo, porque sirven para formar no sólo los músculos y los órganos, sino también la sangre y las hormonas. Las proteínas pueden ser de origen animal o vegetal. Quienes no comen carne, o la comen en cantidades reducidas, tendrán que obtener de otras fuentes las proteínas necesarias. Esas fuentes pueden ser productos animales como el pescado o los lácteos, o de origen vegetal, como los cereales, los huevos, las legumbres, la fruta, la soja o los frutos secos. Si desea prescindir de la carne, dispone de suficientes alternativas que le aportarán proteínas.

Hidratos de carbono

Los hidratos de carbono desempeñan un papel fundamental en la creación de los músculos, así como en la formación de las células cerebrales y nerviosas. Los hidratos de carbono abundan en los cereales, la verdura, los productos integrales y las patatas, por lo que prescindir de la carne no significa que no vayamos a disponer de la cantidad suficiente.

Grasas

Las grasas constituyen un pilar vital indispensable para el cuerpo humano, y las más saludables son las de origen vegetal. Las grasas vegetales y no saturadas son mucho más sanas que las de origen animal. Estas últimas sólo se deben ingerir en cantidades reducidas.

Vitaminas y sustancias minerales

Las vitaminas y las sustancias minerales no proporcionan energía pero tienen unas funciones en nuestro cuerpo totalmente necesarias para que los procesos del metabolismo transcurran sin ningún tipo de problema y para reforzar el sistema inmunitario. Puesto que el cuerpo por sí mismo sólo puede crear una pequeña cantidad de vitaminas, el resto se tienen que obtener a partir de la alimentación. Los portadores de vitaminas y sustancias minerales son esencialmente las verduras y la fruta.

Oligoelementos

Los oligoelementos son también indispensables para nuestro organismo, y para ciertas funciones son de importancia capital. Se obtienen a partir de la fruta, los cereales, la verdura, los huevos, los productos lácteos y el pescado. A veces dejar de comer carne provoca una falta de hierro que puede desembocar en anemia, pero eso se puede corregir con una buena alimentación. El hierro es un elemento fundamental para la correcta función de la sangre y se encuentra en abundancia en la carne pero, también lo hay en el pan integral, las legumbres y las verduras verdes. Por ejemplo, la col y las espinacas contienen hierro en igual medida.
Quienes tomen poca carne o no la prueben no deben temer que les falten sustancias nutritivas, siempre y cuando su alimentación sea variada y combinen sus platos de forma correcta. Piense que dejar de comer carne no sólo no supone ningún problema sino que redunda en una mejora de la salud.

Las personas que no comen carne tienen por lo general un nivel de colesterol más bajo, tienden menos a sufrir de sobrepeso, reducen el riesgo de padecer cáncer, diabetes o gota y tienen menos posibilidades de sufrir un infarto como consecuencia de la hipertensión arterial.

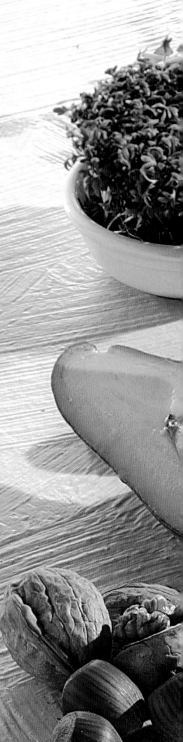

La cocina sin carne

Lo que antes sólo se servía como «guarnición» o, a lo sumo, acompañaba sin pena ni gloria los platos de carne, ha cobrado ahora protagonismo hasta el punto de hacernos olvidar el bistec, el escalope o la salchicha. Se trata de apetitosas verduras, aromáticos arroces, quesos variados o pescado de extraordinario sabor. Le presentamos las viejas y las nuevas estrellas de la cocina sin carne, para que descubra todas las posibilidades que le ofrece una alimentación sana y equilibrada.

Ensaladas

¿Qué plato permite combinar los ingredientes más variados de la forma más vistosa y original? La ensalada, por supuesto. Las ensaladas ofrecen infinitas posibilidades de variación y sus ingredientes son genuinas fuentes de vitaminas. Servidas como primer plato, guarnición o tentempié, las ensaladas son sanas y sabrosas y se pueden perfeccionar con los más exquisitos ingredientes.

Verduras

Quienes sepan disfrutar ya sin comer carne, sufrirán la «tortura» de tener que elegir entre incontables tipos de verduras, con distintos métodos de preparación e innumerables posibilidades de combinación. Le garantizamos que, cocinando con verduras, nunca se va a aburrir.

Los distintos tipos de col

La col es rica en proteínas, vitaminas, potasio (crucial para los nervios y la musculatura) y calcio (responsable de la formación de dientes y huesos), ya sea en sus variedades de cogollo grande (repollo chino, repollo blanco, col lombarda, col de Milán...) o de cogollo pequeño como la col de Bruselas. La coliflor y el brécol son las que se conservan mejor y quizá las clases de col más apreciadas. Pero arriésguese sin miedo y pruebe otras como el *pak choi* o el repollo de hoja lisa. ¡No se arrepentirá!

Hortalizas de fruto

Los miembros de esta familia de verduras son frescos y jugosos como la fruta, y se pueden servir crudos como una exquisitez. Pocas hortalizas ofrecen tantas posibilidades culinarias distintas como el tomate y el pimiento, dos ingredientes ideales para las ensaladas. Pepinos, calabacines y calabazas pertenecen a la familia de las cucurbitáceas, un subgrupo de estas hortalizas cuyos frutos contienen un gran porcentaje de agua. Como tienden a ser bastante insulsos, se les saca mayor partido si se preparan guisados con especias. Las guindillas se incluyen entre este tipo de hortalizas, pero hay que tener en cuenta que, sobre todo las más pequeñas, pueden picar mucho. Antes de incorporar guindilla en una receta se recomienda probar con la lengua, y con cuidado, el «grado de picante».

Las legumbres

Son ingredientes imprescindibles en la cocina sin carne, no sólo por su elevado contenido en proteínas, sino también por su sabor. En el mundo existen 500 clases de judías distintas. Los guisantes frescos son quizá las legumbres preferidas debido a su suave y dulce sabor. Las lentejas, que se consumen guisadas, ofrecen más posibilidades de las que se piensa. No en vano son un ingrediente fundamental de la cocina más tradicional.

Hortalizas de hoja

Uno de los integrantes de este grupo son las espinacas, de agradable sabor, algo ácido, y ricas en vitaminas y hierro. Las espinacas, una vez cocinadas, no deberían recalentarse porque el nitrato que contienen genera nitrito, que resulta nocivo para la salud. Otra verdura que ofrece numerosas posibilidades es la acelga, de sabor suave con un ligero toque a nuez, que se puede preparar de múltiples maneras. En ciertos países se aprecian más las pencas, es decir, los tallos blancos, y en otros, la parte verde de las hojas.

Raíces y tubérculos

El de «raíces y tubérculos» es un concepto general que abarca todas las clases de hortalizas cuya parte comestible es la raíz carnosa que crece bajo la tierra. Entre ellas están las patatas, las zanahorias, los rábanos, los salsifís y las chirivías.

Tallos y bulbos

A este grupo de hortalizas pertenecen los delicados y apreciados espárragos, esos tiernos tallos primaverales, bajos en calorías, cuya tierna cabeza se considera la parte más exquisita. Los espárragos blancos crecen bajo tierra, mientras que los verdes o trigueros lo hacen en la superficie. Además del apio y el hinojo, a este grupo de hortalizas también pertenece la endibia. Esta última crece en invernaderos en plena oscuridad, y por eso conserva un color que van del blanco al amarillo dorado.

La familia de las cebollas

Hoy día prácticamente no se puede concebir la cocina sin cebolla, de intenso y aromático sabor. Desde las cebollas más bien suaves, ligeramente dulces, hasta las más grandes, pasando por la cebolla tierna primaveral que no hay que pelar y cuyas partes verdes se aprovechan como lo blanco, las perlas del tamaño de una avellana o la rocambola, que es con la que se preparan las «cebollitas en vinagre», todo el mundo encontrará la cebolla que se adapte a su gusto. Quienes busquen aromas aún más intensos deberán recurrir al ajo para dar un toque más acusado a sus comidas.

Hortalizas exóticas

La verdad es que estas verduras ya no son tan «exóticas» para nosotros, porque ahora se encuentran en cualquier mercado. Por ejemplo, el aguacate, cremoso y graso, que en realidad es una fruta pero queda de maravilla en ensalada. Y también hay quien disfruta comiéndolo solo, partido por la mitad y aderezado con una pizca de sal y un poco de vinagre o limón, aceite y sal.
Como exquisitez especial cabe mencionar los palmitos, que se pueden consumir crudos o cocidos y se encuentran en los supermercados bien surtidos.

Setas

Las setas se pueden comprar o bien recoger en el bosque, en otoño o primavera según la especie, aunque hay que conocerlas bien. Escoja siempre setas duras sin manchas de humedad, y consérvelas en un lugar seco, ventilado y fresco. No las guarde en la nevera. Y se tienen que consumir enseguida: sólo los champiñones y los rebozuelos se conservan dos días. Las setas también son muy versátiles y resultan igual de sabrosas en la sopa que en una fondue sin carne.

Huevos

Los huevos contienen colesterol, y por eso se recomienda no abusar de ellos. Sin embargo, nuestro cuerpo necesita colesterol para formar la vitamina D y las hormonas. Además, los huevos proporcionan lecitina, que es un buen tónico y reconstituyente.
Hoy en día no podríamos concebir nuestra cocina sin huevos, pues se han convertido en ingredientes imprescindibles en muchos platos. Y eso no es todo: los platos con huevo son sencillamente riquísimos. Por eso podemos recomendar evitar las grasas presentes en otros alimentos y darse un capricho de vez en cuando.

Queso

El queso es una importante fuente de calcio y resulta muy beneficioso para los huesos y los dientes. En todo el mundo existen aproximadamente 3.000 clases distintas de tan delicioso producto. Un consejo: si no lo conoce aún, pruebe el queso de cabra. Se encuentra en diversos grados de curación y se digiere mejor que los elaborados con leche de vaca. Por lo demás, le recomendamos nuestras apetitosas recetas con mucho queso. El queso no es sólo un acompañante ideal para el pan, sino que también sirve para dar un último y delicioso toque a muchos platos.

Patatas

Hoy día las patatas se han ganado un lugar de honor en la cocina de casi todo el mundo. El abanico de posibilidades que ofrecen es inagotable: se comen hervidas, con la piel o sin ella, como bolitas fritas, en puré, gratinadas, en sopa, para acompañar salsas, en ñoquis o en forma de pasta de patata con harina. Las patatas se conservan bien, no engordan y son buenísimas.

Arroz

El arroz contiene muchos hidratos de carbono, pocas grasas, pocas proteínas y nada de colesterol. Se trata de un alimento de primera calidad, muy ligero y sabroso. Aparte del arroz blanco convencional de grano más o menos alargado, existen muchos otros tipos. El arroz *basmati* adquiere una textura muy tierna al cocerlo y desprende un magnífico y fragante aroma. Por eso en Tailandia y en China lo llaman «arroz perfumado». Y si tiene la oportunidad de comprar arroz tailandés de tipo jaz-

mín, no lo dude: es más barato que el basmati y también muy aromático. El arroz silvestre o salvaje es de un color gris pardo y es más duro que ningún otro tipo de arroz. En realidad no se trata de verdadero arroz, sino de una hierba acuática norteamericana que pertenece a la familia de las gramíneas, y desprende un agradable aroma a fruto seco.

Pasta

La pasta de ahora no es la de antes. Hasta ahora nos las hemos tenido que ver con las denominaciones italianas de

las distintas formas de la pasta: *fusilli, penne, tagliatele, rigatoni* o *pappardelle,* por sólo citar unas cuantas. Pero en la actualidad ha irrumpido con fuerza la pasta asiática, todo un mundo en sí misma, que se diferencia mucho de las primeras en cuanto a aspecto y composición. Los finos y transparentes fideos orientales de harina de arroz o los translúcidos fideos de celofán, hechos con harina de soja o de judía *mung,* constituyen los ingredientes más apreciados de la cocina asiática con pasta.

Cereales y legumbres
Existen un sinfín de tipos de cereales, muchos de los cuales son casi desconocidos para la cocina europea. Sin embargo, con imaginación, se pueden introducir para enriquecer los platos. Con sémola de maíz, por ejemplo, en Italia, Suiza y Austria se elabora la polenta, y con harina de maíz se confeccionan las famosas tortillas mexicanas. También está la quinoa, un cereal inca que, entero, molido o troceado, está muy extendido en la cocina sudamericana y contiene valiosas sustancias nutritivas.

La cocina tradicional siempre ha incluido legumbres, y merece la pena no dejarlas de lado y descubrir nuevas posibilidades. Pruebe cuanto antes nuestros nidos de verdura y lentejas y nuestros tamales de maíz y judías.

Pescado y marisco
Ácidos grasos de alto valor nutritivo, proteínas de fácil digestión, ricas sustancias minerales y abundantes oligoelementos hacen del pescado y el marisco alimentos ideales desde el punto de vista nutricional. Pero por encima de todo el pescado

y el marisco son un manjar exquisito, y constituyen una estupenda alternativa a la carne. Y no crea que los platos le saldrán muy caros: con lucio, perca o trucha se pueden preparar las recetas más deliciosas.

¿Qué le parece ahora la idea de empezar a vivir sin carne? Anímese a probar nuestras nuevas sugerencias y verá. Y no se preocupe, porque no tendrá que hacer grandes esfuerzos. Las recetas que aquí encontrará son sencillas y, una vez en la mesa, le reportarán una extraordinaria satisfacción.

Ensaladas

Atrás han quedado los tiempos en que
la ensalada era la «mancha verde» del plato.
Las monótonas e insípidas ensaladas de antaño
se han convertido en multicolores combinaciones
de frutas, hortalizas, setas y hierbas. Aquí
encontrará ensaladas frutales y crujientes, todas
ellas combinadas de forma audaz y variada.

Ensalada de col lombarda

Tiempo de preparación:
50 minutos
330 kcal/1.387 kJ

Para 4 personas:

- **300 g de col lombarda**
- **1 manzana**
- **1 cucharada de azúcar moreno**
- **2 cucharadas de salsa Cumberland (producto preparado)**
- **2 cucharadas de mantequilla ablandada**
- **1/2 cucharadita de comino molido**
- **1 pizca de canela molida**
- **Sal**
- **Pimienta**
- **250 g de ramitos de coliflor congelados**
- **250 ml de caldo de verduras**
- **50 g de almendras laminadas**
- **150 g de nata fresca espesa**
- **2 cucharadas de vino tinto**

Limpie la col, lávela y pártala por la mitad. Retire el troncho y córtela en juliana.

Pele la manzana y rállela. Añada el azúcar y la salsa a la col lombarda, mézclelo bien y déjelo reposar durante unos 20 minutos. Caliente la mantequilla en una cazuela y rehogue la co durante 5 minutos. Sazone para que adquiera un sabor intenso echando el comino, la canela, sal y pimienta.

Escalde los ramitos de coliflor en el caldo de verduras durante unos 5 minutos; escúrralos.

Tueste un poco las almendras laminadas en una sartén sin aceite. Con mucho cuidado, mezcle con la col lombarda los ramitos de coliflor.

Sin dejar de remover, mezcle la nata con el vino y las almendras tostadas y salpimiente. Vierta esta salsa en la cazuela de la col, déjelo unos instantes y sírvalo.

Sugerencia

La col lombarda, de hojas apretadas de un color azul violáceo, tiene un marcado sabor a especias. Hay que escogerla lo más cerrada y pesada posible. Esta col se puede incorporar cruda en las ensaladas y también preparar hervida o guisada.

Berros caribeños

Tiempo de preparación:
25 minutos
393 kcal/1.650 kJ

Para 4 personas:

- 🔲 **200 g de berros**
- 🔲 **100 g de canónigo**
- 🔲 **3 cucharadas de pasas**
- 🔲 **1 piña baby**
- 🔲 **1 naranja**
- 🔲 **1 pomelo rosa**
- 🔲 **3 cucharadas de piñones**
- 🔲 **4 cucharadas de zumo de piña**
- 🔲 **3 cucharadas de vinagre de sidra**
- 🔲 **4 cucharadas de aceite de pepita de uva**
- 🔲 **Sal**

Lave los berros y séquelos. Limpie, lave y seque el canónigo. Ponga las pasas en remojo en un poco de agua. Pele la piña y córtela en dados. Pele la naranja y el pomelo, quitando también la piel blanca, y separe los gajos de uno en uno.

Tueste un poco los piñones en una sartén sin aceite. Ponga en una fuente todos los ingredientes menos los piñones y mézclelos. Para el aliño, mezcle el zumo de piña con el vinagre y el aceite, sin dejar de remover. Compruebe el punto de sal y de pimienta. Vierta el aliño despacio sobre la ensalada y sírvala adornada con los piñones.

Ensalada crujiente de zanahoria e hinojo

Tiempo de preparación:
35 minutos
379 kcal/1.594 kJ

Para 4 personas:

- **3 bulbos de hinojo**

- **4 zanahorias**

- **2 cucharadas de zumo de limón**

- **4 tostadas de pan de molde de cereales**

- **2 cucharadas de aceite a las hierbas**

- **200 g de kefir**

- **2 cucharadas de nata líquida**

- **2 cucharadas de ketchup**

- **1 cucharada de mostaza dulce**

- **100 g de queso feta**

- **Sal**

- **Pimienta**

- **1/2 ramito de albahaca**

Limpie, lave y corte los bulbos de hinojo en trozos no demasiado pequeños. Limpie las zanahorias, pélelas y córtelas igual que el hinojo. Mezcle el hinojo con la zanahoria y vierta el zumo de limón por encima. Corte el pan tostado en dados.

Caliente el aceite de hierbas en una sartén y dore los dados de pan. A continuación, póngalos a escurrir sobre papel de cocina. Para preparar la salsa, mezcle el kefir, la nata, el ketchup y la

mostaza hasta obtener una crema fina.

Desmenuce el queso feta y añádalo también. Sazone con sal y pimienta. Lave la albahaca, séquela y córtela en juliana.

Mezcle las verduras con la salsa, prepare los platos y sírvalos adornados con las tiras de albahaca y los picatostes.

Ensalada frutal de endibia

Tiempo de preparación:
30 minutos
361 kcal/1.097 kJ

Para 4 personas:

- **2 endibias**
- **400 g de uva, 1 mango**
- **1/2 melón amarillo**
- **100 g de dátiles secos**
- **250 ml de suero de leche**
- **5 cucharadas de grappa**
- **2 cucharadas de nata extragrasa espesa**
- **3 cucharadas de zumo de mango**
- **Pimienta al limón**
- **Cardamomo y clavo molidos**
- **50 g de pacanas picadas**
- **Flores para adornar**

Lave las endibias, déjelas secar, pártalas a lo largo y separe el troncho. Corte las hojas en cintas. Lave las uvas, pártalas por la mitad y elimine las pepitas. Pele el mango, córtelo por la mitad, deshuéselo y corte la pulpa en rodajas. Corte el melón por la mitad, saque las pepitas y vaya extrayendo bolitas de pulpa con el vaciador de frutas.

Parta los dátiles en dos, deshuéselos y córtelos en tiras. Ponga todos los ingredientes de la ensalada en una fuente. Mezcle el suero de leche, la grappa, la nata y el zumo de mango con las especias, sin dejar de remover. Viértalo sobre la ensalada y sírvala adornada con las pacanas picadas y las flores.

Ensalada de setas y brotes

Tiempo de preparación:
25 minutos
384 kcal/1.614 kJ

Para 4 personas:

- **500 g de setas de ostra**

- **3 cucharadas de aceite de sésamo**

- **Jengibre fresco rallado, mostaza y anís molidos**

- **300 g de brotes de alfalfa**

- **300 g de achicoria**

- **3 cucharadas de vinagre de manzana**

- **5 cucharadas de aceite de cacahuete**

- **3 cucharadas de vino dulce de arroz**

- **2 cucharadas de salsa de soja**

Limpie las setas, lávelas y píquelas. Caliente el aceite en una sartén y ponga las setas a rehogar. Sazone con jengibre, mostaza y anís. Déjelas 3 minutos más al fuego.

Retire las setas del fuego. Lave los brotes de alfalfa y déjelos escurrir. Lave la achicoria, escúrrala y córtela en juliana. Mezcle las setas con los brotes de alfalfa y la achicoria.

Prepare una salsa mezclando el vinagre de manzana, el aceite de cacahuete, el vino de arroz y la salsa de soja y sazone con jengibre, mostaza y anís. Riegue las setas con la salsa, mezcle bien y sirva.

21

Ensalada refinada de aguacate

Tiempo de preparación:
35 minutos
390 kcal/1.639 kJ

Para 4 personas:

- **200 g de moras**
- **3 aguacates**
- **2 cucharadas de zumo de limón**
- **200 g de champiñones**
- **2 cucharadas de mantequilla**
- **Sal**
- **2 cucharadas de pimienta al limón**
- **150 g de tomates cereza**
- **4 cucharadas de zumo de pomelo**
- **3 cucharadas de zumo de plátano**
- **3 cucharadas de granadina**
- **3 kiwis triturados**
- **6 cucharadas de aceite de pepita de calabaza**
- **125 ml de caldo de verduras**
- **Pimienta**

Lave y escurra las moras. Parta los aguacates por la mitad, deshuéselos, pélelos y córtelos en rodajas delgadas. Vierta el zumo de limón por encima.

Limpie, lave y corte en dos los champiñones. Caliente la mantequilla en una sartén y rehogue los champiñones. Sazone con sal y pimienta al limón.

Limpie, lave y parta en dos los tomates. Póngalos en la sartén con los champiñones y rehogue unos tres minutos. Retire la sartén del fuego y déjelo enfriar.

Incorpore las moras y las rodajas de aguacate. Mezcle los diferentes zumos con el puré de kiwi, el aceite y el caldo. Rectifique de sal y pimienta. Riegue la ensalada con la salsa y sírvala adornada con rodajas de kiwi.

Sugerencia

El guacamole se prepara con aguacate y consiste en una salsa espesa de origen mexicano que lleva también tomate pelado y picado, cebolla rallada, cilantro fresco, sal, ajo y zumo de lima. Es ideal para acompañar platos de marisco, ensaladas o tortillas mexicanas.

Ensalada griega

Tiempo de preparación:
30 minutos
257 kcal/1.080 kJ

Para 4 personas:

- ■ *6 tomates pera*

- ■ *4 cebollas rojas*

- ■ *1 lechuga* lollo rosso

- ■ *3 cucharadas de aceitunas negras sin hueso*

- ■ *3 cucharadas de aceitunas verdes sin hueso*

- ■ *5 cucharadas de vinagre de vino tinto*

- ■ *6 cucharadas de aceite de oliva*

- ■ *Sal, pimienta, azúcar*

- ■ *1/2 ramito de albahaca y 1/2 de orégano*

- ■ *300 g de queso feta*

Lave los tomates y córtelos en rodajas. Pele las cebollas y luego córtelas también en rodajas.

Lave la lechuga y déjela escurrir. Pártala en trozos. Escurra las aceitunas y trocéelas. Ponga todos los ingredientes en una fuente y mezcle bien.

Mezcle el aceite y el vinagre sin dejar de remover y añada sal, pimienta y azúcar. Lave las hierbas aromáticas, séquelas y desmenúcelas. Mézclelas con el aliño de aceite y vinagre.

Corte el queso en dados y añádalo a la ensalada. Vierta la salsa despacio por encima y sírvala adornada con albahaca y orégano. Queda muy bien acompañada de pan indio *naan*.

Plato de espárragos con aguaturma

Tiempo de preparación:
45 minutos
467 kcal/1.961 kJ

Para 4 personas:

- *800 g de aguaturmas*

- *3 cucharadas de mantequilla a las hierbas*

- *600 g de espárragos trigueros*

- *500 ml de caldo de verduras*

- *2 chalotes*

- *80 ml de vino tinto*

- *1 cucharada de vinagre de vino blanco*

- *150 ml de caldo de setas*

- *Sal*

- *Pimienta*

- *1/4 de ramito de estragón*

- *150 g de mantequilla*

- *4 yemas de huevo*

Lave las aguaturmas, pélelas y córtelas en dados. Caliente la mantequilla en una sartén y rehogue las aguaturmas. Vierta 50 ml de agua.

Lave los espárragos, pélelos si es necesario, corte la parte inferior y pártalos en trozos de unos 5 cm. Caliente el caldo de verduras y cuézalos durante unos 10 minutos.

A continuación, cuélelos y deje que se escurran bien. Eche los trozos de aguaturma al caldo caliente pero sin que hierva, y deje que se cuezan unos diez minutos a fuego medio.

Pele los chalotes y píquelos. Ponga el picadillo en un cazo con el vino, el vinagre y el caldo de setas, llévelo a ebullición y déjelo reducir a la mitad. Sazone con sal y pimienta. Luego, deje que se

enfríe. Lave y seque el estragón, y corte las hojas en trocitos.

Añada el estragón al cazo de la salsa. Derrita la mantequilla al baño maría y bata las yemas de huevo. Sazone con sal y pimienta.

Añada la salsa de hierbas. Disponga los espárragos y la aguaturma escurrida en los platos y vierta la salsa por encima.

Ensalada de escarola al estilo del gourmet

Tiempo de preparación:
25 minutos
609 kcal/2.559 kJ

Para 4 personas:

- **150 g de nueces picadas**
- **1 cucharada de mostaza de Dijon**
- **1 cucharada de vinagre de vino tinto**
- **2 cucharadas de aceite de nuez**
- **Sal**
- **Pimienta negra majada**
- **400 g de escarola**
- **2 peras**
- **250 g de queso gorgonzola**

Tueste las nueces en una sartén sin aceite. Prepare una salsa con la mostaza, el vinagre y el aceite, removiendo; salpimiente.

Lave la escarola, escúrrala y trocéela. Lave las peras, pélelas, pártalas por la mitad y descorazónelas. Córtelas en dados.

Corte el queso gorgonzola en tiras. Mezcle todos los ingredientes de la ensalada y repártalos en los platos. Bañe la ensalada despacio con la salsa. Queda muy bien acompañada de una *baguette* a las finas hierbas.

Ensalada tibia de verduras

Tiempo de preparación:
30 minutos
261 kcal/1.098 kJ

Para 4 personas:

- **650 g de pak choi**
- **Sal**
- **4 cebollas**
- **2 dientes de ajo**
- **4 cucharadas de aceite de sésamo**
- **200 g de palmitos de lata**
- **200 g de brotes de bambú de lata**
- **200 g de rábanos**
- **125 ml de caldo de verduras**
- **2 hojas de alga nori**
- **8 cucharadas de salsa de soja**
- **6 cucharadas de zumo de limón**
- **8 cucharadas de vino dulce de arroz**
- **3 cucharadas de aceite de sésamo**
- **5 cucharadas de fondo de verduras**
- **1 cucharada de mezcla de 5 especias**

Lave el *pak choi*, séquelo y córtelo en tiras. Escáldelo en agua salada durante unos 3 minutos y déjelo escurrir.

Pele las cebollas y córtelas en dados. Pele y pique el ajo.

Caliente el aceite en una cazuela y rehogue la cebolla con el ajo. Escurra los palmitos y los brotes de bambú. Córtelos en trocitos y añádalos a la cazuela.

Limpie los rábanos, pélelos y córtelos en dados. Agréguelos a la cazuela y vierta el caldo de verduras.

Tueste un poco las hojas de *nori*. Sin dejar de remover, mezcle la salsa de soja, el zumo de limón, el vino de arroz, el aceite y la mezcla de especias. Compruebe el punto de sal y pimienta.

Añada el *pak choi* a la cazuela y caliéntelo ligeramente. Reparta la ensalada tibia en los platos y riéguelos despacio con la salsa. Rompa las hojas de *nori* y espárzalas por encima.

Ensalada de alcachofas «cavour»

*Tiempo de preparación:
20 minutos
244 kcal/1.024 kJ*

Para 4 personas:

- **350 g de corazones de alcachofa de lata**
- **400 g de lechuga romana**
- **5 tomates pera**
- **100 g de queso parmesano rallado**
- **1/4 de ramito de eneldo**
- **1/4 de ramito de perejil**
- **200 ml de fondo de verduras**
- **50 g de mantequilla ablandada de trufa**
- **100 g de concentrado de tomate**
- **125 ml de madeira**
- **4 cucharadas de brandy**
- **1/2 cucharadita de jengibre molido**
- **Sal**
- **Pimienta al limón**
- **20 g de trufas en conserva**

Escurra los corazones de alcachofa y trocéelos.

Limpie la lechuga, lávela y córtela en tiras. Limpie los tomates, lávelos, pártalos en dos y córtelos en rodajas.

Ponga el queso parmesano rallado en una fuente con los demás ingredientes de la ensalada; mezcle bien.

Lave, seque y pique las hierbas. Sin dejar de remover, mézclas con el fondo de verduras templado, la mantequilla de trufa, el concentrado de tomate, el vino de Madeira, el brandy y las especias.

Corte las trufas en rodajas delgadas. Ponga los ingredientes de la ensalada en los platos y riéguelos despacio con la salsa. Sírvalos adornados con las rodajas de trufa.

Sugerencia

Las alcachofas, además de una auténtica exquisitez, son grandes amigas del estómago, del hígado y del gusto por la buena mesa. Si son frescas, hay que cortarles el troncho. Lo más práctico, sin embargo, es comprar los carnosos corazones de alcachofa de lata.

Hojas de arroz rellenas

Tiempo de preparación:
40 minutos
333 kcal/1.399 kJ

Para 4 personas:

- ▥ *8 hojas de papel de arroz*

- ▥ *8 hojas de lechuga*
  de hoja de roble

- ▥ *1 manojo de rabanitos*

- ▥ *500 g de apio*

- ▥ *1 pimiento rojo*

- ▥ *1 pimiento amarillo*

- ▥ *3 peras*

- ▥ *100 g de piñones*

- ▥ *200 g de yogur*

- ▥ *2 cucharadas de salsa*
  de rábano blanco

- ▥ *125 ml de nata líquida*

- ▥ *1 cucharadita*
  de guindilla molida

- ▥ *1/2 ramito de cilantro*

Remoje brevemente el papel de arroz y extiéndalo sobre un paño de cocina para que se ablande. Lave y escurra las hojas de lechuga.

Limpie los rabanitos, lávelos y córtelos en rodajas. Haga lo mismo con el apio: límpielo, lávelo y córtelo en trocitos. Limpie, lave y parta los dos pimientos por la mitad para quitarles las semillas. Córtelos en tiras. Lave, pele, descorazone las peras y córtelas en dados. Ponga todos estos ingredientes en una fuente.

Añada los piñones. En un cuenco aparte, mezcle el yogur, la salsa de rábano blanco, la nata y la guindilla. Lave el cilantro, séquelo, píquelo y añádalo a la salsa. Cubra las hojas de papel de arroz con las hojas de la lechuga y reparta la mezcla de ensalada. Vierta la salsa despacio por encima y doble y enrolle las hojas. Disponga los rollitos en platos y sírvalos de inmediato.

Ensalada sueca de setas

Tiempo de preparación:
35 minutos
372 kcal/1.562 kJ

Para 4 personas:

- 500 g de setas silvestres (boletos, níscalos y rebozuelos, por ejemplo)

- 1 manojo de cebolletas

- 50 g de mantequilla

- Sal

- Pimienta

- 200 g de endibias

- 2 cogollos de achicoria

- 100 g de canónigo

- 100 g de tomates cereza

- 5 cucharadas de vinagre de frambuesa

- 3 cucharadas de azúcar moreno

- 4 cucharadas de mostaza

- 1 cucharadita de mostaza molida

- 80 ml de aceite de avellana

- 1 ramito de perejil

Limpie las setas, lávelas y córtelas en trocitos. Limpie las cebolletas, lávelas y córtelas en aros. Caliente la mantequilla en una sartén y rehogue las setas con la cebolleta. Salpimiente.

Lave las endibias, quite el troncho y córtelas en tiras. Lave las achicorias, córtelas a lo largo y quite el troncho. Corte las hojas en tiras. Limpie el canónigo, lávelo y déjelo escurrir.

Lave los tomates y pártalos en dos. Ponga con cuidado en una fuente todos los ingredientes de la ensalada, y añada las setas rehogadas bien escurridas.

En un tarro de cristal, mezcle el vinagre, el azúcar, la mostaza, la mostaza molida y el aceite de avellana.

Lave, escurra y corte el perejil en trocitos. Eche la mitad en la salsa y mézclelo. Vierta la salsa despacio sobre la ensalada y adorne el plato con el resto del perejil picado.

Fuente de remolacha roja aromática

Tiempo de preparación:
30 minutos
634 kcal/2.662 kJ

Para 4 personas:

- **800 g de remolacha cocida**
- **300 g de maíz dulce de lata**
- **200 g de guisantes en conserva**
- **3 huevos duros**
- **100 ml de aceite de nuez**
- **4 cucharadas de vinagre de cereza**
- **1 diente de ajo**
- **100 g de cebollitas francesas**
- **2 cucharadas de alcaparras**
- **1 cucharada de zumo de limón**
- **Sal, pimienta y una cucharadita de azúcar**
- **2 ramitos de perejil**
- **150 g de nata fresca espesa**

Escurra la remolacha y córtela en rodajas. Escurra también el maíz y los guisantes. Póngalo todo en una fuente. Pele los huevos, pártalos en dos y chafe las yemas en un recipiente aparte; pique la clara. Sin dejar de remover, mezcle la pasta de yema de huevo con el aceite y el vinagre. Pele el diente de ajo y píquelo.

Escurra las cebollas y las alcaparras e incorpórelas a la salsa. Busque el punto de la salsa echando zumo de limón, sal, pimienta y azúcar. Lave, seque y corte el perejil en juliana y añádalo, con la nata, al aderezo. Reparta la ensalada y la salsa entre los plato, esparza la clara de huevo por encima y sírvalos.

Ensalada de salsifís negros

Tiempo de preparación:
30 minutos
556 kcal/2.335 kJ

Para 4 personas:

- **1 kg de salsifís negros**

- **2 cucharadas de vinagre**

- **500 ml de caldo de verduras**

- **Sal**

- **Zumo de limón**

- **2 manzanas**

- **150 g de cacahuetes sin sal**

- **1 papaya**

- **4 cucharadas de crema de cacahuete**

- **1 cucharada de aceite a la guindilla**

- **250 ml de zumo de naranja**

- **200 g de queso fresco**

- **Pimienta al limón**

- **Rodajas de papaya, para adornar**

Lave los salsifís con agua abundante, pélelos y córtelos. Colóquelos en una fuente con agua y vinagre para que no se estropee su color.

Caliente el caldo de verduras en una cazuela con la sal y el zumo de limón y cueza los salsifís durante 20 minutos. Escúrralos.

Lave, pele y corte las manzanas por la mitad. Descorazónelas y córtelas en rodajas finas. Úntelas con zumo de limón para que no se estropee su color.

Trocee los cacahuetes y mézclelos con las rodajas de manzana y los salsifís.

Pele la papaya, córtela por la mitad, quítele las semillas y haga un puré con la pulpa, la crema de cacahuete, el aceite picante, el zumo de naranja y el queso fresco. Aderece con sal y pimienta al limón.

Reparta la ensalada y la salsa en los platos y sírvalos adornados con unas rodajas de papaya. Unos nachos acompañarán perfectamente este plato.

33

Verduras y setas

Verduras y setas se pueden preparar de infinitas formas: hervidas, fritas, salteadas, en sopa, estofadas o gratinadas. Con nuestras nuevas recetas podrá llevar a su mesa deliciosos platos de verdura y setas día tras día, siempre riquísimos y diferentes. ¿Qué le parece, por ejemplo, un estofado exótico de calabacines o una torta francesa de manzana y calabaza?

Rollitos al horno

Tiempo de preparación:
1 hora y 10 minutos
405 kcal/1.704 kJ

Para 4 personas:

- **8 hojas medianas de acelga**
- **Sal**
- **3 zanahorias**
- **3 chirivías**
- **2 cucharadas de aceite de nuez**
- **Pimienta**
- **Nuez moscada recién molida**
- **300 g de setas variadas**
- **100 g de mezcla de finas hierbas congeladas**
- **300 g de queso fresco**
- **6 cucharadas de jerez seco**
- **Mantequilla, para la fuente**
- **2 huevos**
- **250 ml de leche**
- **3 cucharadas de nata líquida**

Escalde las hojas de acelga en agua ligeramente salada durante unos 5 minutos. A continuación, sáquelas del agua y escúrralas.

Recorte las nervaduras demasiado gruesas y extienda las hojas sobre una superficie de trabajo.

Precaliente el horno a 180 ºC. Lave y pele las zanahorias y las chirivías, y córtelas en dados.

Caliente el aceite en una sartén y rehogue la zanahoria y la chirivía unos 6 minutos. Aderece con sal, pimienta y nuez moscada. Ponga la setas en un colador y deje que se escurran, recogiendo el jugo si son en conserva.

Añada a la sartén las setas y las finas hierbas descongeladas y rehogue 3 minutos. En un cazo, mezcle el jugo de las setas, el jerez y el queso hasta obtener una buena crema. Añádala a la sartén. Reparta el relleno entre las hojas de acelga, haga rollitos y átelos.

Unte una fuente de horno con la mantequilla y coloque los rollitos. Bata los huevos con la leche y la nata y viértalo por encima. Cuézalo durante unos 20 minutos con la fuente a media altura.

Sugerencia

Hay que engrasar bien la fuente con mantequilla para que los rollitos no se peguen y sean más fáciles de servir. Así también será más fácil lavar la fuente. Si lo desea, puede forrarla con papel vegetal y proceder como si estuviera untada con mantequilla.

Sopa de cebolla al curry

Tiempo de preparación:
30 minutos
382 kcal/1.606 kJ

Para 4 personas:

- ■ **8 chalotes**

- ■ **4 cucharadas de aceite de sésamo**

- ■ **2 cucharadas de harina**

- ■ **375 ml de caldo de verduras**

- ■ **250 ml de vino de arroz**

- ■ **250 ml de leche de coco sin azúcar**

- ■ **Sal, pimienta**

- ■ **2 cucharadas de pasta de curry verde**

- ■ **1 tallo de hierba limón**

Pele los chalotes y córtelos en aros. Caliente aceite de sésamo en un cazo y rehogue el chalote hasta que esté transparente.

Esparza la harina en la sartén y riéguelo todo con el caldo de verduras. Añada el vino de arroz y la leche de coco. Salpimiente y añada la pasta de curry verde.

Lave la hierba limón, séquela, píquela y añádala a la sartén. Cuézalo unos 8 minutos a fuego medio.Reparta la sopa en los platos y sírvala con tortitas crujientes de arroz.

37

Croquetas de maíz con salsa de naranja

Tiempo de preparación:
45 minutos
(más tiempo de enfriamiento)
760 kcal/3.192 kJ

Para 4 personas:

- **800 g de maíz dulce de lata**
- **3 cucharadas de mantequilla a las hierbas**
- **110 g de harina**
- **500 ml de caldo de verduras**
- **Sal, pimienta, nuez moscada recién rallada**
- **6 cucharadas de nata**

- **2 yemas de huevo**
- **50 g de pan rallado**
- **Aceite, para freír**
- **4 naranjas**
- **1 ramito de cilantro**
- **1 guindilla roja pequeña**
- **5 cucharadas de aceite de oliva**
- **50 g de cebolla en dados**
- **125 ml de vinagre de frambuesa**

Escurra el maíz. Caliente la mantequilla en una cazuela y fría 60 g de harina. Vierta el caldo de verduras y sazone con sal, pimienta y nuez moscada.

Removiendo, mezcle la nata con una yema de huevo. Apague el fuego y vierta en el caldo la nata con la yema de huevo. Añada el maíz y déjelo enfriar.

Con la masa resultante, haga croquetas.

Bata la otra yema. Pase las croquetas por el resto de la harina, por la yema de huevo batida y luego por el pan rallado.

Caliente el aceite en una freidora y fría las croquetas hasta que se doren. Mientras tanto, pele las naranjas eliminando también la piel blanca. Extraiga los gajos. Lave el cilantro, séquelo y deshójelo.

Limpie la guindilla, lávela, pártala en dos, quite las semillas y la membrana y córtela a lo largo en tiras finas. Caliente el aceite de oliva, rehogue la cebolla y añada los gajos de naranja, el cilantro y la guindilla. Vierta el vinagre y sazone con sal y pimienta. Sirva las croquetas con la salsa, y con pan para acompañar.

Alcachofas con vinagreta y mantequilla al limón

Tiempo de preparación:
50 minutos
427 kcal/1.793 kJ

Para 4 personas:

- ▨ **4 alcachofas**
- ▨ **Zumo de limón**
- ▨ **6 cucharadas de vinagre de vino**
- ▨ **Sal, pimienta, 1 huevo duro**
- ▨ **2 chalotes**
- ▨ **1 ramito de perejil**
- ▨ **1 cucharada de alcaparras**
- ▨ **4 cucharadas de aceite, azúcar**
- ▨ **1/4 de ramito de melisa**
- ▨ **80 g de mantequilla ablandada**
- ▨ **1 cucharada de yogur**

Lave las alcachofas y déjelas escurrir. Corte el troncho. En un cazo, ponga a hervir agua con sal y un poco de zumo de limón. Cueza las alcachofas durante unos 40 minutos a fuego medio. Prepare un aliño con el vinagre, sal y pimienta. Pele el huevo y trocéelo. Pele los chalotes y córtelos en daditos.

Lave el perejil, séquelo y píquelo. Escurra las alcaparras. Añádalo todo al aliño de vinagre y vierta el aceite. Rectifique de sal y pimienta y añada un poco de azúcar. Lave la melisa, séquela y deshójela. Bata la mantequilla hasta que esté cremosa. Añada el yogur y la melisa. Sazone con sal, pimienta y zumo de limón. Sirva las alcachofas con la vinagreta y la mantequilla al limón.

Sopa de setas con sombrero de hojaldre

Tiempo de preparación:
40 minutos
496 kcal/2.085 kJ

Para 4 personas:

- **500 g de champiñones**
- **5 cebollas rojas**
- **1/2 ramito de perejil**
- **3 cucharadas de aceite a la trufa**
- **Sal**
- **Pimienta**
- **2 cucharadas pimienta verde en grano**
- **1 1/2 l de caldo de setas**
- **4 cl de vino de Oporto**
- **1 cucharada de zumo de limón**
- **100 g de nata fresca espesa**
- **2 cucharadas de nata líquida extragrasa**
- **200 g de hojaldre congelado**
- **Harina**
- **1 yema de huevo**
- **2 cucharadas de leche**

Limpie los champiñones y trocéelos. Pele las cebollas y córtelas en aros. Lave, seque y pique el perejil.

Caliente el aceite en una cazuela y saltee los champiñones con la cebolla. Sazone con sal y pimienta. Añada el perejil y la pimienta verde.

Vierta el caldo de setas, el vino de Oporto y el zumo de limón. Cuézalo durante unos 4 minutos a fuego medio. Pasados esos 4 minutos, apague el fuego. A continuación, vierta los dos tipos de nata.

Cuando se haya enfriado, reparta la sopa en terrinas o boles para el horno. Precaliente el horno a 210 °C. Extienda el hojaldre en una superficie lisa y corte formas redondas de un diámetro como mínimo 2 cm más grande que el de las terrinas o los boles.

Tape los boles con el hojaldre. Mezcle la yema de huevo con la leche y pinte el hojaldre.

Meta los boles en el horno, a media altura, y déjelos unos 6 minutos o hasta que la sopa esté bien caliente y el sombrero de hojaldre, bien dorado.

Sopa picante de tomate

Tiempo de preparación:
40 minutos
320 kcal/1.346 kJ

Para 4 personas:

- **12 tomates maduros**
- **1 ramito de albahaca**
- **2 cebollas**
- **4 dientes de ajo**
- **6 cucharadas de aceite de nuez**
- **250 ml de zumo de tomate**
- **125 ml de sangrita**
- **Sal**
- **Pimienta**
- **1 cucharada de azúcar**
- **500 ml de caldo de verduras**
- **100 g de ruqueta**
- **100 g de nueces picadas**
- **5 cucharadas de queso emmental rallado**

Lave los tomates, haga en la piel un corte en forma de cruz y sumérjalos 10 segundos en agua hirviendo. Sáquelos del agua y pélelos con la ayuda de un cuchillo. Corte los tomates por la mitad, quíteles las semillas y córtelos en dados. Lave la albahaca, séquela y córtela en juliana.

Pele las cebollas y córtelas en dados. Pele y maje los ajos.

Caliente 4 cucharadas del aceite en una cazuela y añada el tomate, la cebolla, dos dientes de ajo majados y la albahaca. Vierta el zumo de tomate y la sangrita y sazone bien con sal, pimienta y azúcar.

Vierta el caldo de verduras y cuézalo durante unos 4 minutos a fuego medio. Mientras, lave, seque y pique la ruqueta.

Pase por la picadora la ruqueta, las nueces, el resto del aceite, los otros dos dientes de ajo majados y el queso. Salpimiente. Reparta la sopa en los platos y sírvalos adornados con el picadillo de ruqueta.

Sugerencia

Para contrarrestar el intenso sabor del ajo –que además de ser bueno para la respiración, lo secreta la propia piel– le recomendamos comer una manzana o beber un vaso de vino tinto o de leche.

Hamburguesas de verdura

Tiempo de preparación:
30 minutos
334 kcal/1.444 kJ

Para 4 personas:

- **4 rebanadas de pan tostado**
- **6 zanahorias**
- **300 g de apio**
- **Sal**
- **1 manojo de cebolletas**
- **2 guindillas rojas**
- **1 huevo**
- **200 g de copos de avena**
- **125 ml de caldo de verduras**
- **Pimienta**
- **1 cucharada de crema de rábano blanco**
- **3 cucharadas de mantequilla ablandada**
- **150 g de mayonesa**
- **1 cucharada de mostaza a las hierbas**
- **200 g de pepinillos en vinagre a la mostaza**
- **2 cucharadas de perejil picado**

Ablande el pan en agua fría y cháfelo con un tenedor. Limpie, lave y ralle las zanahorias y el apio. Escáldelos en agua salada durante unos 2 minutos y escúrralos.

Limpie las cebolletas, lávelas y trocéelas. Lave las guindillas, pártalas por la mitad, quite las semillas y córtelas en trocitos. Mezcle la cebolleta, la guindilla y la zanahoria y el apio con el pan y el huevo. Añada los copos de avena y el caldo de verduras. Sazone con sal, pimienta y crema de rábano blanco.

Con las manos, haga hamburguesas de pasta. Caliente la mantequilla ablandada en una sartén y fría las hamburguesas unos 6 minutos.

Para preparar la salsa, mezcle la mayonesa con la mostaza. Escurra los pepinillos y píquelos. Mezcle el perejil y el pepinillo picado con la mayonesa y rectifique el punto de sal y pimienta.

Estofado exótico de calabacines

Tiempo de preparación:
45 minutos
418 kcal/1.755 kJ

Para 4 personas:

- ▦ **1 trozo de 2 cm de jengibre fresco**
- ▦ **3 calabacines**
- ▦ **4 cucharadas de aceite de sésamo**
- ▦ **200 g de pasas de Corinto**
- ▦ **1/2 cucharada de cada de estas especias:**

canela, comino, cilantro y cardamomo

- ▦ **600 ml de caldo de verduras**
- ▦ **100 g de trozos de piña de lata, 2 plátanos**
- ▦ **3 cucharadas de chutney de mango (en conserva)**
- ▦ **3 cucharadas de espesante alimentario**
- ▦ **4 cucharadas de pepitas de calabaza sin sal**

Pele el jengibre y píquelo. Limpie los calabacines, lávelos, pártalos por la mitad y córtelos en rodajas gruesas.

Caliente el aceite de sésamo en una cazuela y rehogue el calabacín con el jengibre. Añada las pasas y sazone con las especias. Vierta el caldo y cuézalo a fuego medio durante 8 minutos.

Escurra la piña. Pele los plátanos, córtelos por la mitad a lo largo y después en rodajas.

Añada al estofado la piña, el plátano y el *chutney* y cuézalo unos 3 minutos más. Líguelo con el espesante. Tueste las pepitas de calabaza en una sartén sin aceite. Sirva el estofado de calabacines adornado con las pepitas de calabaza. Queda muy bien acompañado de arroz.

Filetes de apionabo con salsa de fruta

Tiempo de preparación:
40 minutos
794 kcal/3.335 kJ

Para 4 personas:

- **1 kg de apionabos, sal**
- **1 cucharada de zumo de limón**
- **500 ml de caldo de verduras**
- **2 huevos, pimienta al limón**
- **100 g de harina**
- **150 g de avellanas molidas**
- **4 cucharadas de aceite de nuez**
- **150 g de confitura de arándanos**
- **150 g de puré de uvas espinas**
- **3 cucharadas de miel, 4 cl de vino de Oporto**
- **250 g de requesón batido**
- **3 cucharadas de suero de leche**

Lave los apionabos, pélelos y córtelos en rodajas gruesas. Sálelos y rocíelos con el zumo de limón. Caliente el caldo y escalde el apionabo durante 4 minutos. Escúrralo bien. Bata los huevos con un poco de sal y pimienta al limón. Pase las rodajas de apionabo por harina y por el huevo, y finalmente rebócelas con la avellana molida.

Caliente el aceite en una sartén y fría las rodajas de apionabo por ambos lados hasta que se doren. Mezcle en un bol la confitura de arándanos con el puré de uvas espinas, la miel y el oporto. Añada el requesón y el suero de leche y sazone con sal y pimienta al limón. Sirva los filetes en los platos, con la salsa para mojar.

Verduras con salsa de cebolla

Tiempo de preparación:
40 minutos
306 kcal/1.288 kJ

Para 4 personas:

- **250 g de judías verdes**

- **1 colinabo**

- **10 zanahorias pequeñas con las hojas**

- **250 g de ramitos de coliflor (congelados, si lo desea)**

- **750 ml de caldo de verduras**

- **Sal**

- **Pimienta**

- **5 cucharadas de aceite de nuez**

- **5 chalotes**

- **1 cucharada de aceite de girasol**

- **125 ml de caldo de setas**

- **125 ml de cerveza de malta**

- **Comino molido**

Limpie y lave las judías. Pele el colinabo y córtelo en rodajas. Pele las zanahorias y corte las hojas dejando unos 3 cm de tallos.

Descongele los ramitos de coliflor si es necesario. Ponga todos estos ingredientes en una cazuela con el caldo de verduras y escáldelos durante unos 4 minutos. Sazone con sal y pimienta.

Escurra la verdura. Caliente el aceite de nuez en una sartén y rehóguela durante unos 4 minutos, hasta que esté al punto.

Pele los chalotes y píquelos. Caliente el aceite de girasol en un cazo y rehogue el chalote picado.

Añada el caldo de setas y la cerveza de malta y cuézalo a fuego medio durante unos 7 minutos. Aderécelo con sal, pimienta y comino.

Reparta las verduras en los platos y vierta la salsa por encima, despacio. Este plato queda muy bien acompañado de puré de patata.

Gratinado picante de brécol

Tiempo de preparación:
35 minutos
580 kcal/2.436 kJ

Para 4 personas:

- **500 g de brécol**
- **2 pimientos rojos**
- **400 g de ñoquis frescos**
- **Sal**
- **30 g de mantequilla a las hierbas**
- **30 g de harina de trigo**
- **250 ml de leche**
- **3 cucharadas de nata líquida**
- **Pimienta**
- **Cilantro molido**
- **120 g de queso gouda semi**

Limpie el brécol, lávelo y córtelo en ramitos. Limpie, lave y corte por la mitad los pimientos, quite las semillas y córtelos en tiras.

Cueza los ñoquis y el brécol en agua ligeramente salada durante unos 6 minutos. Cuélelos y escúrralos.

Precaliente el horno a 180 °C. Caliente la mantequilla a las hierbas en una cazuela y fría la harina sin dejar de remover. Vierta la leche y la nata, siga removiendo y sazone con sal, pimienta y cilantro molido.

Añada el queso y deje que se vaya deshaciendo. Unte con mantequilla una fuente antiadherente para el horno y disponga la verdura.

Vierta la salsa por encima y cuézalo unos 15 minutos en el horno, a media altura.

Sugerencia

Los ñoquis (en italiano, *gnoccho* significa «grumo») son unas bolitas de sémola, patata u otro tipo de fécula y se pueden congelar una vez escaldados sin ningún tipo de problema.

Mazorcas a la parrilla con mantequilla de berros

Tiempo de preparación:
40 minutos
989 kcal/4.155 kJ

Para 4 personas:

- ■ *8 mazorcas frescas de maíz dulce*

- ■ *6 cucharadas de aceite de sésamo*

- ■ *Sal*

- ■ *Pimienta*

- ■ *Guindilla molida*

- ■ *Ajo molido*

- ■ *8 hojas de banano pequeñas y frescas*

- ■ *7 cucharadas de mante- quilla ablandada*

- ■ *150 g de berros*

- ■ *1/2 manojo de cebollino*

- ■ *1 cucharada de zumo de limón*

Lave y seque las mazorcas. Aderece el aceite con sal, pimienta, guindilla y ajo molido y unte las mazorcas. Lave las hojas de banano y haga unos cestillos para poner dentro las mazorcas. Áselas a la parrilla por todos los lados durante 30 minutos. Mientras se estén asando, siga untándolas con el aceite preparado.

Mientras tanto, bata la man- tequilla con las varillas hasta que quede espumosa. Lave los berros y el cebollino, séquelos y píquelos. Mezcle la mantequilla con las hierbas y sazone con sal, pimienta y el zumo de limón. Deje enfriar un poco las mazorcas, recorte las puntas y sírvalas con la mantequilla de berros.

Torta francesa de manzana y calabaza

Tiempo de preparación:
2 horas
548 kcal/2.304 kJ

Para 4 personas:

▥ *350 g de harina*

▥ *Sal*

▥ *150 g de mantequilla*

▥ *125 ml de agua helada*

▥ *400 g de calabaza en conserva*

▥ *400 g de manzanas enanas en conserva*

▥ *Cardamomo, cilantro y jengibre molidos*

▥ *2 cucharadas de copos de mantequilla*

En una fuente, mezcle bien la harina con la sal. Corte la mantequilla fría en copos y, con los dedos, mézclela con la harina hasta obtener una consistencia de miga de pan. Vaya añadiendo el agua fría poco a poco, hasta obtener una masa compacta.

Envuélvala en una bolsa para congelados y déjela reposar durante unos 30 minutos en un lugar fresco. Mientras tanto, escurra la calabaza y las manzanas. Espolvoréelas con las especias molidas y déjelas reposar durante una media hora. Precaliente el horno a 180 °C.

Forre la bandeja del horno con papel vegetal. Extienda la masa en una superficie enharinada, en un redondel de unos 28 cm de diámetro. No alise los bordes.

Distribuya la calabaza y las manzanas dejando un borde de unos 5 cm. Levante un poco la masa de los bordes para recoger la fruta, como si de una cesta se tratara, y pellizque la masa por encima de la fruta para que se sostenga.

Reparta la mantequilla sobre el relleno y unte los bordes de la pasta con agua.

Ponga la torta en una bandeja para el horno y cuézala a media altura durante unos 40 minutos. Antes de servir, déjela reposar unos 10 minutos. Sírvala con una salsa de vainilla.

Sopa de pepino

Tiempo de preparación:
25 minutos (más tiempo
de enfriamiento)
305 kcal/1.284 kJ

Para 4 personas:

- **2 pepinos**

- **2 aguacates, 3 cebollas**

- **2 dientes de ajo**

- **1 l de caldo de verduras**

- **1 cucharada de zumo**
  de limón

- **250 g de yogur**

- **250 ml de suero de leche**

- **Sal, cayena molida**

- **Comino molido**

- **1 manojo de rábanos**

Pele los pepinos y pártalos por la mitad. Quite las semillas y trocee la pulpa. Corte los aguacates en dos, saque el hueso y, con una cuchara, vacíelos.

Pele las cebollas y córtelas en dados. Pele los dientes de ajo y píquelos. Bata juntos el aguacate, el pepino, la cebolla y el ajo hasta obtener una crema. Añada el caldo de verduras.

En otro recipiente, mezcle el zumo de limón, el yogur y el suero de leche y sazone con sal, cayena y comino. Mézclelo con la sopa y deje que se enfríe durante una hora.

Mientras, limpie los rábanos, lávelos y córtelos en láminas. Reparta la sopa en los platos y adórnelos con láminas y hojitas de rábano.

Fondue de verduras

Tiempo de preparación:
40 minutos
573 kcal/2.407 kJ

Para 4 personas:

- **400 g de champiñones marrones**

- **300 g de achicoria**

- **2 pimientos rojos**

- **2 calabacines**

- **Sal**

- **250 g de mantequilla**

- **5 dientes de ajo**

- **300 ml de aceite de oliva**

Limpie los champiñones. Lave y deshoje la achicoria.

Lave y parta por la mitad los pimientos. Quite las semillas y las nervaduras blancas y córtelos en trozos no muy pequeños. Lave y trocee los calabacines.

Escalde las hortalizas en agua ligeramente salada durante unos 4 minutos, pero hágalo por separado, una a una. Mientras, derrita la mantequilla en el recipiente para *fondues.*

Pele los dientes de ajo y píquelos. Añada el aceite de oliva a la mantequilla y eche el ajo picado. Caliéntelo a fuego lento para que no se queme el ajo.

Lleve a la mesa el recipiente, y gradúe el hornillo de modo que apenas se mantenga el calor. Vaya pinchando los champiñones y las hortalizas con los pinchitos y acabando de cocerlas en la mantequilla con aceite al ajo. Este plato queda muy bien acompañado de pan de barra y de una ensalada variada.

Berenjenas fritas con wasabi

Tiempo de preparación:
30 minutos
569 kcal/2.391 kJ

Para 4 personas:

- **16 berenjenas enanas**
- **Sal**
- **Harina para rebozar**
- **150 g de harina**
- **200 ml de jerez seco**
- **2 yemas de huevo**
- **Pimienta**
- **Pimientón dulce**
- **2 cucharadas de** wasabi **molido**
- **1 cucharada de zumo de limón**
- **200 g de nata fresca espesa**
- **2 cucharadas de crema de rábano blanco**
- **40 g de jengibre encurtido**
- **1 cucharada de perejil picado**
- **Aceite para freír**

Lave las berenjenas y pártalas por la mitad a lo largo, sin cortar el tallo. Sálelas y enharínelas.

En una fuente, mezcle la harina con el jerez y las yemas de huevo y sazone con sal, pimienta y pimentón dulce. Deje reposar la masa durante unos 10 minutos.

Para hacer la salsa, mezcle el *wasabi* molido con dos cucharadas de agua y el zumo de limón. Añada el resto de los ingredientes y mezcle bien.

Caliente el aceite en la freidora. Reboce las berenjenas con la pasta y fríalas hasta que se doren.

A medida que las vaya sacando, deje que se escurran sobre papel de cocina. Disponga las berenjenas rebozadas en los platos con la salsa de *wasabi*.

Sugerencia

Las berenjenas enanas partidas en dos tienen un aspecto fantástico y, como se fríen con el tallo, se pueden coger con los dedos para mojarlas en la salsa. Recuerde que el tallo no es comestible.

Canapés de tomate

Tiempo de preparación:
35 minutos
366 kcal/1.538 kJ

Para 4 personas:

- **12 rebanadas de pan integral**

- **Mantequilla, para la fuente**

- **80 g de mantequilla con cebolla deshidratada**

- **300 g de salsa de tomate con especias**

- **200 g de queso fresco**

- **4 cucharadas de nata fresca espesa**

- **1/2 manojo de cebolletas**

- **1/2 ramito de perejil**

- **1/2 ramito de albahaca**

- **Sal**

- **Pimienta**

- **5 cucharadas de queso pecorino rallado**

- **Brotes de berro**

Corte círculos de pan de unos 10 cm de diámetro. Unte la bandeja del horno con mantequilla. Precaliente el horno a 170 °C.

Unte el pan por ambos lados con un poco de mantequilla ablandada de cebolla y póngalo en la bandeja del horno. Áselo hasta que se dore. Déjelo enfriar. Mezcle la salsa de tomate con el queso fresco y la nata. Lave las cebolletas y córtelas en aros finos. Lave las hierbas, séquelas y píquelas. Mezcle la cebolleta y las hierbas con el queso y salpimiente.

Reparta la preparación entre las tostadas. Póngalas en la bandeja del horno y espolvoréelas con el queso rallado. Hornéelas a media altura durante unos 6 minutos o hasta que se doren.

Sirva los canapés adornados con unos brotes de berro.

Caldo de verduras con albóndigas de sémola

Tiempo de preparación:
1 hora
162 kcal/683 kJ

Para 4 personas:

- **3 zanahorias**

- **1 puerro**

- **1/4 de coliflor**

- **200 g de judías**

- **8 tomates**

- **1 cebolla**

- **80 g de mantequilla**

- **Sal, pimienta**

- **100 g de mezcla de finas hierbas congeladas**

- **1 l de caldo de verduras**

- **150 g de sémola**

- **250 ml de leche**

- **Nuez moscada recién molida**

Pele las zanahorias y córtelas en rodajas. Limpie el puerro y córtelo en aros. Lave la coliflor y divídala en ramitos. Despunte las judías y quite el hilo lateral. Lávelas y córtelas en trozos.

Lave los tomates y trocéelos. Pele la cebolla y córtela en dados. Caliente la mantequilla en un cazo. Rehogue la cebolla. Añada las otras hortalizas y siga rehogando. Eche sal y pimienta.

Añada la mezcla de hierbas descongelada y el caldo de

verduras y cuézalo durante unos 30 minutos a fuego medio. Vaya retirando la espuma a medida que se forme.

Vierta la sémola y la leche en un cazo y llévelo a ebullición. Sazone con sal, pimienta y nuez moscada.

Con la pasta anterior, haga albóndigas y añádalas a la sopa unos 10 minutos antes de servirla.

Empanadillas picantes de puerro

Tiempo de preparación:
50 minutos
702 kcal/2.951 kJ

Para 4 personas:

■ **350 g de hojaldre congelado**

■ **2 puerros**

■ **200 g de setas shiitake**

■ **3 cucharadas de aceite de sésamo**

■ **150 g de brotes de soja**

■ **100 g de castañas de agua**

■ **Sal, pimienta**

■ **Comino molido**

■ **Harina, 2 yemas de huevo**

Descongele el hojaldre siguiendo las instrucciones del envase. Precaliente el horno a 200 °C. Limpie el puerro y córtelo en aros finos.

Limpie las setas y trocéelas. Caliente el aceite de sésamo en una sartén y saltee las setas y el puerro. Escurra los brotes de soja y las castañas de agua. Corte las castañas en láminas. Añada al salteado los brotes y las castañas de agua y siga salteando unos 3 minutos más. Sazone con sal, pimienta y comino.

Desenrolle el hojaldre en una superficie enharinada y corte cuadrados de unos 12 x 12 cm. Rellénelos con verdura y doble la masa formando empanadillas. Selle los bordes con un tenedor. Bata las yemas de huevo y pinte con ellas el hojaldre. Hornee las empanadillas durante unos 20 minutos a media altura.

57

Gelatina selecta de huevos y hortalizas

Tiempo de preparación:
45 minutos
(más tiempo de enfriamiento)
271 kcal/1.141 kJ

Para 4 personas:

- **8 hojas de gelatina blanca**

- **375 ml de caldo de verduras**

- **100 g de guisantes congelados**

- **100 g de rabanitos**

- **100 g de cebollitas en vinagre**

- **100 g de remolacha cocida en rodajas**

- **1 ramito de perejil**

- **150 g de queso gouda**

- **8 huevos duros de codorniz**

- **Sal**

- **Hojas distintas de ensalada, para adornar**

Ablande la gelatina en agua fría. Caliente el caldo y vierta la gelatina para que se disuelva. Enjuague una terrina con agua fría y fórrela con papel vegetal.

Vierta un poco del caldo con gelatina y déjelo enfriar. Escurra los guisantes. Limpie los rabanitos, lávelos y córtelos en láminas. Escurra las cebollitas y la remolacha. Lave el perejil, séquelo y píquelo.

Corte el queso en dados. Escalde los guisantes y los rabanitos en agua salada durante unos 5 minutos, pero hágalo por separado: primero los guisantes y luego los rabanitos. Escúrralos bien. Reparta un tercio de los ingredientes sobre la lámina de gelatina y eche un poco más de caldo. Deje que se enfríe y añada el resto de los ingredientes. Déjelo enfriar de nuevo.

Deje la terrina en la nevera unas 3 horas. A continuación, sáquela del molde, córtela en porciones y sírvala adornada con las hojas de ensalada.

Huevos y quesos

¿Le gustan los huevos fritos y los gratinados de queso? Pues ahora verá cuántas cosas más puede hacer con esos dos ingredientes. En estas páginas recogemos muchas recetas insólitas que querrá probar cuanto antes, desde los rollitos de tortitas asiáticas hasta la tortilla de queso a la provenzal. Descubra el amplio abanico de posibilidades que ofrecen los huevos y los quesos.

Huevos escalfados con espinacas y salsa de yogur

Tiempo de preparación:
35 minutos
432 kcal/1.814 kJ

Para 4 personas:

- **350 g de espinacas congeladas**
- **Sal**
- **200 g de yogur natural**
- **150 g de nata fresca espesa**
- **1 o 2 cucharadas de nata líquida**
- **Guindilla molida**
- **1 cucharada de pasta de pimiento**
- **8 huevos medianos**
- **3 cucharadas de vinagre**
- **2 o 3 cucharadas de mantequilla a las hierbas**
- **Pimienta**
- **Nuez moscada recién rallada**

Descongele las espinacas y hiérvalas a fuego medio en agua ligeramente salada durante 6 u 8 minutos.

Mezcle el yogur con los dos tipos de nata, guindilla al gusto y la pasta de pimiento.

Casque los huevos en una taza. Deslícelos sin que se toquen en 500 ml de agua caliente con vinagre. Al cabo de unos 2 o 3 minutos, cuando la clara esté blanca, páselos a una fuente con la ayuda de dos cucharas.

Rehogue las espinacas en la mantequilla a las hierbas y sazónelas con pimienta y nuez moscada.

Ponga las espinacas en los platos. Coloque dos huevos escalfados encima de cada ración y vierta la salsa de yogur por encima.

Sugerencia

¿Sabía que escalfar es el mejor método de cocción para conservar las sustancias nutritivas y el sabor? Escalfar consiste en cocer a una temperatura inferior al punto de ebullición. Y no sólo se pueden escalfar los huevos, sino también el pescado o las albóndigas de patata, por ejemplo.

Consomé de flores de huevo con apio

Tiempo de preparación:
30 minutos
342 kcal/1.436 kJ

Para 4 personas:

- **200 g de guisantes congelados**

- **2 zanahorias**

- **200 g de apio**

- **1 l de caldo de verduras**

- **Sal**

- **Pimienta**

- **4 o 5 cucharadas de vino de Oporto**

- **6 huevos medianos**

- **1/2 ramito de albahaca**

- **100 g de queso parmesano recién rallado**

Descongele los guisantes. Limpie bien las zanahorias y el apio y córtelos en daditos.

Caliente el caldo de verduras sazonado con sal, pimienta y el oporto.

Añada la verdura y cuézala a fuego medio durante unos 8 o 10 minutos.

Casque los huevos y bátalos con sal y pimienta. Échelos en el caldo caliente y déjelos cuajar sólo 1 minuto, removiendo con cuidado.

Lave y seque la albahaca y córtela en juliana. Esparza la albahaca y el parmesano por encima del consomé y sírvalo.

Rollitos de tortitas asiáticas

Tiempo de preparación:
50 minutos
446 kcal/1.876 kJ

Para 4 personas:

- *4 huevos medianos*

- *8 cucharadas de aceite de sésamo*

- *Sal, pimienta*

- *160 g de harina*

- *500 ml de agua mineral*

- *2 dientes de ajo*

- *1 manojo de cebolletas*

- *1 trozo de 2 cm de jengibre fresco*

- *200 g de rábanos*

- *2 zanahorias*

- *1 o 2 guindillas frescas*

- *125 ml de caldo asiático (en conserva)*

- *2 cucharadas de salsa de soja*

- *3 cucharadas de zumo de naranja*

- *1 cucharada de zumo de limón*

- *Cilantro y cardamomo molidos*

- *1 ramito de cilantro*

- *4 o 5 cucharadas de aceite de cacahuete, para freír*

Mezcle los huevos con 4 cucharadas de aceite de sésamo, sal, pimienta, la harina y el agua mineral y déjelo reposar durante unos 20 o 35 minutos.

Mientras tanto, pele el ajo y píquelo. Limpie las cebolletas y píquelas también. Pele el jengibre y píquelo. Saltéelo todo junto con el aceite de sésamo restante.

Limpie los rábanos y las zanahorias. Pélelos y córtelos en daditos. Limpie también las guindillas, pártalas por la mitad y quíteles las semillas. Córtelas en daditos. Añada todos los daditos de hortalizas a la sartén y saltéelo todo junto un instante.

Añada el caldo asiático, la salsa de soja y los zumos de naranja y de limón. Aderécelo con las especias y cuézalo a fuego medio durante unos 6 o 7 minutos.

Lave el cilantro y píquelo. Añádalo a la sartén. Caliente en otra sartén un poco de aceite de cacahuete y vaya haciendo tortitas con la masa.

Ponga un poco de salteado de verduras sobre cada tortita y enróllelas. Córtelas en diagonal, coloque los rollitos en una fuente y sírvalos.

Estofado de mango y aceitunas con huevos

*Tiempo de preparación:
30 minutos
351 kcal/1.474 kJ*

Para 4 personas:

- **100 g de cebolla y ajo troceados**
- **3 cucharadas de aceite de oliva**
- **600 g de tomates pelados de lata**
- **100 g de mezcla congelada de 5 hierbas aromáticas**
- **125 g de caldo de verduras**
- **50 g de aceitunas negras sin hueso**
- **Sal, pimienta**
- **1 mango**
- **1 cebolla**
- **Azúcar**
- **8 huevos duros medianos**

Rehogue la cebolla y el ajo en el aceite de oliva.

Vierta los tomates y el jugo de la lata. Incorpore también las hierbas y el caldo de verduras.

Corte las aceitunas en rodajas y añádalas. Pele el mango, pártalo por la mitad, quítele el hueso y córtelo en dados. Añádalo también. Cueza el estofado durante 4 o 5 minutos a fuego medio.

Quite la cáscara de los huevos y pártalos por la mitad. Sazone el estofado con sal, pimienta y azúcar. Sírvalo con los huevos. Queda muy bien acompañado de pan de hogaza.

Sabrosa tarta de queso

Tiempo de preparación:
1 hora y 45 minutos
726 kcal/3.051 kJ

Para 4 personas:

- **4 láminas de hojaldre congelado**
- **Mantequilla para engrasar**
- **400 g de chucrut al champán**
- **1 pimiento verde**
- **400 g de tomates cereza**
- **400 g de queso Bavaria blue**
- **Sal**
- **Pimienta**
- **Semillas de comino**
- **Tomillo y mejorana secos, picados**
- **4 huevos**
- **125 ml de leche**

Descongele el hojaldre tal y como se indique en las instrucciones del envase.

Engrase un molde para tarta de unos 26 cm de diámetro. Precaliente el horno a 180 °C.

Extienda el hojaldre en una superficie enharinada hasta que alcance la medida del molde.

Forre el molde con la pasta. Escurra el chucrut y repártalo por encima del hojaldre.

Lave el pimiento, pártalo por la mitad, quítele las semillas y córtelo en tiras. Parta los tomates cereza por la mitad. Luego, distribuya las tiras de pimiento y los tomates por encima del chucrut.

Desmenuce el queso y espárzalo por la tarta de forma que quede bien repartido.

Espolvoree la tarta con el comino y las hierbas. Bata los huevos con la leche y un poco de sal y pimienta. Viértalo por encima de la tarta y cuézala en el horno, a media altura, de 45 a 60 minutos.

Huevos revueltos mexicanos

Tiempo de preparación:
30 minutos
578 kcal/2.429 kJ

Para 4 personas:

- **6 cucharadas de aceite de cacahuete**

- **3 cucharadas de almendras laminadas**

- **1 pimiento rojo y 1 amarillo**

- **2 guindillas frescas**

- **2 aguacates firmes**

- **Sal**

- **Pimienta**

- **Guindilla molida**

- **125 ml de caldo de verduras**

- **500 g de tomate triturado de lata**

- **6 u 8 huevos**

- **Pimienta negra en grano**

- **Comino molido**

Caliente 4 cucharadas de aceite de cacahuete y tueste ligeramente las almendras durante unos 2 minutos. Lave los pimientos y las guindillas, pártalos en dos y quíteles las semillas.

Pele los aguacates, pártalos en dos y quíteles el hueso. Córtelo todo en daditos y póngalos en una cazuela con la almendra.

Sazone bien con las especias y vierta el caldo de verduras. Cuézalo a fuego medio durante 3 minutos.

En una sartén, caliente el resto del aceite de cacahuete y añada el tomate. Cuézalo 1 o 2 minutos.

Casque los huevos y bátalos bien con sal, pimienta, guindilla molida y comino. Mezcle el huevo con el tomate, despacio, hasta que cuaje (de 3 a 5 minutos).

Disponga las verduras en el centro de una fuente y vierta los huevos revueltos con tomate alrededor de las verduras. Unos nachos acompañarán muy bien este plato.

Sugerencia

El aceite de cacahuete se puede calentar a alta temperatura, por lo que resulta muy apropiado para freír. Además, tiene un sabor suave.

Tartaletas de huevo a las hierbas

Tiempo de preparación:
30 minutos
402 kcal/1.689 kJ

Para 4 personas:

- **6 huevos**

- **250 ml de leche**

- **200 g de mezcla congelada de 8 hierbas**

- **Sal**

- **Pimienta**

- **250 g de espárragos trigueros**

- **2 dientes de ajo**

- **3 cucharadas de aceite de oliva**

- **200 g de tomates cereza**

- **1/2 manojo de cebollino**

- **8 tartaletas saladas compradas hechas**

Casque los huevos y mézclelos con la leche, las hierbas, sal y pimienta. Lave los espárragos, quíteles la parte fibrosa y córtelos en trozos de 2 o 3 cm. Cuézalos en agua ligeramente salada durante unos 10 minutos.

Pele el ajo y májelo en un mortero con un poco de sal. En una sartén, caliente el aceite de oliva y fría los trozos de espárrago con el ajo durante unos 6 o 7 minutos.

Incorpore la mezcla de huevo. Déjelo cuajar a fuego medio de 3 a 5 minutos.

Lave los tomates y córtelos en rodajitas. Lave el cebollino, séquelo y píquelo.

Reparta la preparación entre las tartaletas y coloque por encima las rodajas de tomate. Espolvoree con el cebollino y sirva.

Tortilla de queso a la provenzal

Tiempo de preparación:
40 minutos
681 kcal/2.862 kJ

Para 4 personas:

■ *12 huevos*

■ *250 ml de agua mineral*

■ *100 g de hierbas de Provenza*

■ *Sal*

■ *Pimienta*

■ *150 g de queso de pasta dura*

■ *4 o 5 cucharadas de aceite de cacahuete*

■ *450 g pisto congelado*

■ *Berros*

Casque los huevos y mézclelos con el agua, las hierbas, el queso, sal y pimienta.

Caliente el aceite de cacahuete en una sartén y vaya haciendo finas tortillas.

Caliente el pisto siguiendo las instrucciones del envase y vaya repartiéndolo entre las tortillas, poniéndolo a un lado de cada una. Doble la otra mitad de la tortilla por encima.

Lave y seque los berros. Sirva las tortillas adornadas con los berros.

70

Ensalada de huevos de codorniz con alioli al limón

Tiempo de preparación:
30 minutos
640 kcal/2.688 kJ

Para 4 personas:

- **250 g de mayonesa light**
- **2 o 3 cucharadas de leche**
- **1 cucharada de zumo de limón**
- **1 cucharada de ralladura de limón**
- **2 dientes de ajo**
- **Sal**
- **16 huevos de codorniz**
- **400 g de achicoria**
- **200 g de apio**
- **150 g de anacardos**

Mezcle la mayonesa con la leche y el zumo de limón. Añada la ralladura.

Pele los dientes de ajo, cháfelos con la hoja de un cuchillo y añada un poco de sal. Incorpore el ajo a la salsa removiendo con cuidado y póngala a enfriar.

Cueza los huevos de codorniz durante unos 8 o 9 minutos para que queden duros. A continuación, páselos por agua fría, quíteles la cáscara y pártalos por la mitad.

Lave la achicoria y trocéela. Lave el apio y córtelo en tiras.

Mezcle con cuidado todos los ingredientes y esparza los anacardos por encima. Vierta el alioli y sirva la ensalada acompañada de pan de barra.

Tortillas mexicanas con huevo y salsa picante

Tiempo de preparación:
35 minutos
823 kcal/3.456 kJ

Para 4 personas:

- ▉ *8 tortillas mexicanas*
- ▉ *250 g de mazorquitas, en conserva o congeladas*
- ▉ *200 g de guisantes congelados*
- ▉ *150 g de verduritas encurtidas*
- ▉ *3 o 4 cucharadas de aceite de cacahuete*
- ▉ *2 cl de Tequila*
- ▉ *6 huevos*
- ▉ *Sal*
- ▉ *Pimienta*
- ▉ *Guindilla molida*
- ▉ *Comino molido*
- ▉ *1/2 ramito de cilantro*
- ▉ *200 g de queso cheddar rallado*
- ▉ *Aliño para ensalada*

Enrolle las tortillas, póngalas sobre papel de aluminio y caliéntelas al horno a 150 °C durante unos 12 minutos.

Descongele los guisantes y las mazorquitas. Escurra las verduritas encurtidas y píquelas.

Caliente el aceite de cacahuete y fría todas las hortalizas durante unos 5 minutos. Aromatícelo con el tequila.

Casque los huevos y bátalos con las especias. Viértalos con la verdura y déjelos cuajar sin dejar de remover de 3 a 5 minutos.

Lave el cilantro, séquelo y píquelo.

Rellene las tortillas con la mezcla de verduras y huevo, espolvoree el queso rallado y dórelo bajo el grill durante unos 5 minutos. Aderece las tortillas con el aliño y esparza el cilantro.

73

Bistecs de queso en lecho de hinojo

Tiempo de preparación:
45 minutos
1.034 kcal/4.342 kJ

Para 4 personas:

- **700 g de bulbos de hinojo**
- **200 ml de vino rosado**
- **350 ml de fondo de verduras**
- **800 g de queso de leche de vaca, de pasta blanda o semiblanda, al comino**
- **2 o 3 yemas de huevo**
- **150 g de pan rallado**
- **60 g de mantequilla**
- **2 cucharadas de crema de rábano blanco**
- **350 g de nata fresca espesa**
- **3 cucharadas de nata extragrasa**
- **4 cucharadas de sidra**
- **2 cebollas rojas**
- **2 manzanas rojas**
- **Sal**
- **Pimienta al limón**
- **Azúcar moreno**

Lave los bulbos de hinojo y córtelos en rodajas gruesas. Reserve las hojas para adornar el plato.

Hierva el vino con el fondo de verduras y cueza el hinojo de 6 a 8 minutos a fuego medio. Escúrralo.

Corte el queso en lonchas gruesas. Bata las yemas de huevo y pase por ellas las lonchas de queso. A continuación, rebócelas con el pan rallado. Caliente la mantequilla derretida y fría el queso hasta que se dore, durante unos 6 u 8 minutos.

Mezcle suavemente la crema de rábano blanco, la nata y la sidra. Pele las cebollas y córtelas en dados. Pele las manzanas, descorazónelas y córtelas también en dados. Mezcle los dados de cebolla y de manzana con la salsa y sazónela con sal, pimienta al limón y azúcar moreno. Disponga en los platos un lecho de hinojo, los bistecs de queso y la salsa, y sírvalos adornados con las hojitas de hinojo.

Sugerencia

Escoja unos bulbos de hinojo bien blancos y con los tallos frescos. El hinojo se digiere muy bien, es estupendo para el estómago y favorece la correcta asimilación de los alimentos.

Tortitas integrales

Tiempo de preparación:
35 minutos
490 kcal/2.060 kJ

Para 4 personas:

- *8 huevos*

- *60 g harina integral*

- *30 g de harina*

- *125 ml de agua mineral*

- *2 cucharadas de merme-lada de pera*

- *2 o 3 peras firmes*

- *30 g de mantequilla*

- *Vainilla azucarada*

- *Canela molida*

- *Clavo molido*

- *150 g de nata fresca extragrasa*

- *Melisa, para adornar*

Bata los huevos y añada la harina, el agua y la merme-lada. Mézclelo bien hasta obtener una pasta uniforme. Déjela reposar durante unos 10 o 15 minutos.

Lave las peras, pélelas, quíte-les el corazón y córtelas en dados.

Caliente la mantequilla en una sartén y vaya echando porciones de pasta. Ponga unos dados de pera en cada tortita y cuézalas durante unos 3 minutos por cada lado, hasta que estén hechas.

Sirva las tortitas espolvorea-das con las especias y ador-nadas con un poquito de nata y unas hojas de melisa.

75

Gratinado multicolor de huevo y hortalizas

Tiempo de preparación:
1 hora y 10 minutos
369 kcal/1.549 kJ

Para 4 personas:

- **6 u 8 huevos**

- **Sal**

- **Pimienta**

- **1 cucharada de perejil picado**

- **2 zanahorias**

- **3 chirivías**

- **3 cucharadas de aceite de nuez**

- **200 g de boniato**

- **1 cucharada de mezcla de 5 especias**

- **Salsa asiática de ciruela (comprada hecha)**

Precaliente el horno a 170 °C. Bata los huevos con sal, pimienta y el perejil.

Limpie las zanahorias y las chirivías, pélelas y córtelas en rodajas finas.

Caliente el aceite y rehogue las rodajas de zanahoria y chirivía durante unos 8 minutos. Cueza los boniatos troceados y escúrralos.

A continuación, échelos en la sartén con el resto de las hortalizas. Añada la mezcla de especias.

Ponga las hortalizas en una fuente para el horno y vierta el huevo por encima. Cuézalo a media altura durante unos 40 minutos.

Sirva el gratinado con la salsa de ciruela para acompañar.

Plato agridulce con queso de cabra

Tiempo de preparación:
40 minutos
422 kcal/1.773 kJ

Para 4 personas:

- **200 g de brotes de bambú de lata**

- **150 g de piña en almíbar**

- **1 manojo de cebolletas**

- **400 g de queso de cabra**

- **4 cucharadas de jerez seco**

- **3 cucharadas de salsa de soja**

- **5 cucharadas de salsa agridulce**

- **2 cucharadas de zumo de piña**

- **4 cucharadas de aceite de sésamo**

- **2 coles chinas medianas**

Escurra los brotes de bambú y córtelos en tiras. Escurra la piña recogiendo el jugo en un plato hondo. Córtela en trocitos. Limpie las cebolletas y córtelas en aros. Corte el queso en dados.

Mezcle el jerez con la salsa de soja y los dados y el zumo de piña. Mézclelo con el bambú, la cebolleta y el queso y déjelo reposar durante 10 o 15 minutos.

Caliente el aceite de sésamo y vierta toda la preparación anterior. Cuézala durante 6 o 7 minutos. Ponga en los platos unas hojas de col china y reparta el guiso por encima. Sírvalo.

Patatas

Redescubra un clásico: la patata.
Aquí encontrará ese tubérculo tan conocido
en nuevas e insólitas presentaciones: tortitas
multicolores de patata, fideos de patata con
crema de col o refinada terrina de patatas.
Disfrute del abanico de posibilidades que
le ofrece la cocina con patatas

Tortitas multicolores de patata

Tiempo de preparación:
50 minutos
658 kcal/2.763 kJ

Para 4 personas:

- **2 tomates para ensalada**
- **1/2 pepino**
- **1 pimiento amarillo**
- **1 manojo de cebolletas**
- **100 g de aceitunas negras sin hueso**
- **2 guindillas encurtidas**
- **300 g de queso fresco**
- **Sal, pimienta**
- **Pimentón dulce**
- **250 g de champiñones**
- **2 cucharadas de zumo de limón**
- **200 g de corazones de alcachofa de lata**
- **80 g de mezcla congelada de 8 hierbas**
- **6 cucharadas de aceite**
- **800 g de tortitas congeladas de patata**

Lave los tomates y córtelos en gajos. Lave el pepino y córtelo en rodajas. Lave el pimiento, pártalo por la mitad, quítele las semillas y córtelo en trocitos. Limpie las cebolletas y córtelas en aros. Escurra las aceitunas y las guindillas y trocéelas.

Triture todos esos ingredientes en la batidora con la mitad del queso fresco. Sazone con sal, pimienta y pimentón.

Lave los champiñones, córtelos en láminas y mójelas con el limón. Escurra los corazones de alcachofa y córtelos en trozos. Triture la mezcla de hierbas aromáticas con la alcachofa, los champiñones y el aceite. Añada el resto del queso fresco y aderece con sal, pimienta y pimentón.

Fría las tortitas de patata hasta que se doren. Haga en cada plato pastelitos con una tortita, una capa de pasta de pimiento, otra tortita, una capa de puré de setas y por fin otra tortita.

Bolitas de patata

Tiempo de preparación:
55 minutos
750 kcal/3.151 kJ

Para 4 personas:

- **700 g de patatas**
- **Sal**
- **1 cucharadita de semillas de comino**
- **3 zanahorias**
- **1 manojo de cebolletas**
- **2 cucharadas de aceite de oliva**
- **100 g de avellanas picadas**
- **Pimienta**
- **Nuez moscada recién rallada**
- **2 huevos**
- **30 g de harina**
- **200 ml de leche**
- **Aceite, para freír**
- **2 cucharadas de mantequilla**
- **50 g de perejil picado**
- **50 g de cebollino picado**
- **2 huevos duros**
- **200 g de nata fresca espesa**

Lave las patatas y cuézalas con la piel en agua ligeramente salada y con el comino durante unos 20 minutos. Limpie las zanahorias y rállelas. Limpie también las cebolletas y córtelas en aros.

Caliente el aceite en una sartén y rehogue la zanahoria con la cebolleta. Añada la avellana y sazone con las especias. Pele las patatas y páselas por el pasapurés.

Bata los huevos, añada la harina y mézclelo con el puré de patatas. Vaya echando leche hasta obtener una pasta consistente. Incorpore el contenido de la sartén. Modele bolitas con la pasta y vaya friéndolas, en tandas, hasta que se doren.

Caliente la mantequilla en un cazo y rehogue el perejil y el cebollino. Parta los huevos en dos y añada las yemas a la mezcla anterior. Pique las claras e incorpórelas también.

Añada la nata, sazone con sal, pimienta y nuez moscada y mezcle bien. Sirva las bolitas de patata sobre un lecho de salsa.

Sugerencia

Antes de empezar a freír las bolitas de patata hay que comprobar que el aceite esté bien caliente, pues de lo contrario se estropearían. Eche un dadito de pan en el aceite: si burbujea, ya puede empezar a freír.

Patatas gratinadas

Tiempo de preparación:
1 hora y 10 minutos
405 kcal/1.704 kJ

Para 4 personas:

- *800 g de patatas*
- *5 cebollas rojas*
- *200 g de rebozuelos en conserva*
- *2 cucharadas de mantequilla*
- *4 cucharadas de confitura de arándanos*
- *4 cucharadas de Aquavit*
- *Sal*
- *Pimienta*
- *Anís, clavo y pimienta de Jamaica molidos*
- *1 cucharada de vinagre de frambuesa*
- *Mantequilla para el molde*
- *125 ml de nata*
- *250 ml de leche*
- *1 huevo*

Pele las patatas, córtelas en rodajas de 1 cm de grosor y, después, en tiras de 1 cm de anchura. Pele las cebollas y córtelas en dados. Escurra las setas. Caliente la mantequilla en una sartén y rehogue la cebolla con las setas. Añada la confitura y el Aquavit y sazone con sal, pimienta, anís, clavo y pimienta de Jamaica. Añada el vinagre. Sáquelo del fuego y déjelo reposar.

Precaliente el horno a 180 °C. Unte con mantequilla una fuente para el horno y extienda la mitad de las patatas. Reparta por encima la preparación de cebolla y rebozuelos y cúbralo con el resto de las patatas. Mezcle la nata con la leche y el huevo y sazone con sal y pimienta. Vierta 3/4 del líquido por encima de las patatas. Meta la fuente en el horno, a media altura. Al cabo de unos 20 minutos, incorpore el resto de la nata y gratínelo durante 12 minutos más a 210 °C.

Corona de queso y patatas con verdura

Tiempo de preparación:
1 hora y 5 minutos
636 kcal/2.675 kJ

Para 4 personas:

- 600 g de patatas

- Sal

- 1 cucharadita de semillas de comino

- 250 ml de leche

- 80 g de mantequilla

- 50 g mantequilla a las hierbas

- 250 g de queso Appenzeller

- 3 cucharadas de aceite de oliva

- 50 g de una mezcla de cebolla y ajo troceados

- 400 g de espinacas congeladas

- Pimienta

- Nuez moscada recién rallada

- 200 g de salsa de tomate con especias

Lave las patatas y cuézalas en agua ligeramente salada y aromatizada con las semillas de comino durante unos 20 minutos. Escúrralas, déjelas enfriar, pélelas y páselas por el pasapurés. Mezcle el puré con la leche y la mantequilla y remueva hasta que esté bien liso.

Ralle el queso y eche la mitad en el puré de patata. Métalo en una manga pastelera equipada con una boquilla en forma de estrella y dibuje 4 coronas en una fuente para el horno forrada con papel vegetal.

Hornéelas a media altura durante unos 20 minutos. Caliente el aceite en una sartén y rehogue la mezcla de ajo y cebolla. Añada las espinacas descongeladas. Sazone con sal, pimienta y nuez moscada.

Ponga las coronas en los platos y reparta en el centro las espinacas y la salsa de tomate caliente. Espolvoréelas con el resto de queso y sírvalas.

Sopa de patatas a la jardinera

Tiempo de preparación:
1 hora
469 kcal/1.970 kJ

Para 4 personas:

- **400 g de patatas harinosas**

- **2 chirivías**

- **2 raíces de perejil**

- **1 1/2 l de caldo de verduras**

- **400 g de menestra congelada**

- **80 g de mantequilla a la pimienta**

- **200 g nata fresca espesa**

- **Sal**

- **Pimienta**

Pele las patatas, lávelas y córtelas en rodajas. Pele las chirivías y las raíces de perejil y córtelas en dados.

Caliente 500 ml del caldo de verduras en una cazuela y cueza las patatas con la chirivía y la raíz de perejil durante unos 18 minutos.

Mientras, caliente el resto del caldo en otra cazuela y cueza la menestra durante 6 minutos. Cuele las patatas y las raíces y cháfelas con un tenedor.

Cuando la sopa de verduras haya dejado de hervir, añada la mantequilla a la pimienta, la nata y el puré de patata. Sazone bien con sal y pimienta.

Patatas aromáticas con salsa para mojar

Tiempo de preparación:
45 minutos
846 kcal/3.554 kJ

Para 4 personas:

- **1 kg de patatas grandes**

- **800 ml de fondo de setas**

- **9 cucharadas de aceite de nuez**

- **80 g de semillas de girasol**

- **80 g de semillas de sésamo**

- **80 g de sal marina gorda**

- **20 g de cilantro seco, picado**

- **1 ramito de albahaca**

- **1 manojo de cebolletas**

- **300 g de queso fresco de cabra**

- **3 cucharadas de jerez seco**

- **Granos de pimienta de colores**

Lave las patatas y cuézalas sin pelar con el fondo de setas durante unos 10 minutos. Escúrralas y córtelas en rodajas gruesas.

Precaliente el horno a 200 °C. Vierta aceite en una fuente grande para el horno y extienda las rodajas de patata.

Riegue las patatas con más aceite y vaya esparciendo por encima primero las semillas de sésamo, luego, las de girasol, después sal y por fin cilantro.

Hornee las patatas a media altura durante 20 minutos.

Lave la albahaca, séquela y córtela en juliana.

Limpie las cebolletas y córtelas en aros. Mezcle la albahaca con la cebolleta y el queso y sazone con sal, pimienta recién molida y el jerez. Disponga las rodajas de patata en los platos y sírvalas con la salsa.

Patatas y coles de Bruselas al gratén

Tiempo de preparación:
50 minutos
569 kcal/2.390 kJ

Para 4 personas:

- **750 g de patatas**

- **750 ml de caldo de verduras**

- **Sal**

- **300 g de coles de Bruselas congeladas**

- **4 cebollas rojas**

- **2 cucharadas de aceite de oliva**

- **Mantequilla, para la fuente**

- **250 g de nata fresca espesa**

- **Pimienta**

- **Comino molido**

- **100 g de queso gouda rallado**

- **50 g de mantequilla a las hierbas**

Pele las patatas y córtelas en rodajas finas. Vierta el caldo en una cazuela, añada un poco de sal y escalde las patatas durante unos 3 minutos. Sáquelas y escúrralas, pero no tire el caldo.

Escalde las coles de Bruselas sin descongelar durante unos 7 minutos en el mismo caldo. Precaliente el horno a 180 °C.

Pele las cebollas y córtelas en daditos. Caliente el aceite en una sartén y rehogue la cebolla.

Unte una fuente para el horno con mantequilla y vaya poniendo capas de patata y coles de Bruselas. Esparza la cebolla por encima.

Aderece la nata con el comino y viértala por encima de la preparación. Espolvoree con el queso y esparza unos copos de mantequilla por encima.

Cuézalo a media altura durante unos 20 minutos, hasta que quede bien dorado.

Sugerencia

La más pequeña de las coles, la col de Bruselas, es la que, sin embargo, tiene un sabor más pronunciado. Es una hortaliza de invierno.

Estofado de patatas

Tiempo de preparación:
45 minutos
630 kcal/2.400 kJ

Para 4 personas:

- ▦ *5 cebollas*

- ▦ *750 g de patatas*

- ▦ *4 cucharadas de mantequilla derretida*

- ▦ *Sal*

- ▦ *Pimienta*

- ▦ *1 cucharadita de semillas de comino*

- ▦ *375 ml de caldo de verduras*

- ▦ *300 g de chucrut al champán*

- ▦ *100 g de nata fresca espesa a las hierbas*

- ▦ *2 cl de cava seco*

Limpie las cebollas y córtelas en dados. Pele las patatas y córtelas también en dados.

Caliente la mantequilla en una cazuela y rehogue la cebolla y la patata. Sazone con sal, pimienta y el comino.

Vierta el caldo y cuézalo durante unos 15 minutos. Escurra el chucrut y añádalo a la cazuela. Cuézalo durante otros 3 minutos y apague el fuego.

Cuando el estofado haya dejado de hervir, incorpore la nata y, sin dejar de remover, añada el cava. Rectifique la sazón. Reparta el estofado en los platos y sírvalos.

Fideos de patata con crema de col

Tiempo de preparación:
1 hora y 10 minutos
526 kcal/2.211 kJ

Para 4 personas:

▪ *800 g de patatas*

▪ *Sal*

▪ *1 cucharadita de semillas de comino*

▪ *200 g harina de espelta*

▪ *3 huevos*

▪ *Cilantro molido*

▪ *400 g de col*

▪ *2 cucharadas de mantequilla*

▪ *500 ml de caldo de verduras*

▪ *125 ml de cerveza*

▪ *Pimienta*

▪ *150 g de yogur*

▪ *100 g mantequilla con cebolla deshidratada*

Cueza las patatas con la piel en agua ligeramente salada y aromatizada con las semillas de comino durante unos 20 minutos. A continuación, escúrralas, pélelas y páselas por el pasapurés.

Bata la harina con los huevos y el cilantro. Añada el puré y mezcle hasta obtener una pasta uniforme. En una superficie enharinada, haga con ella rollos de 2 cm de diámetro.

Corte los rollos en trozos de 6 cm de largo. Cueza los fideos de patata en agua salada durante unos 3 minutos.

Saque la pasta con la espumadera y déjela escurrir. Lave la col y córtela en tiras.

Caliente la mantequilla en un cazo y rehogue la col. Vierta el caldo y la cerveza y sazone con sal y pimienta. Cuézalo durante unos 12 minutos.

Escurra la col y mézclela con el yogur. Rectifique la sazón.

Caliente la mantequilla en una sartén y dore los fideos de patata. Sírvalos con la col.

Tortilla de patatas a la hortelana

Tiempo de preparación:
40 minutos
424 kcal/1.783 kJ

Para 4 personas:

- **450 g de patatas**
- **100 g de aceitunas negras sin hueso**
- **3 guindillas frescas**
- **1 pimiento rojo y 1 verde**
- **1 cucharada de alcaparras**
- **4 cucharadas de aceite de cacahuete**
- **1 cucharada de aceite a la guindilla**
- **Sal, pimienta y pimentón**
- **1 poquito de harissa**
- **5 huevos, 6 cucharadas de leche**
- **1 cucharada de nata**
- **1 ramito de melisa**

Lave las patatas y córtelas en láminas sin pelarlas. Escurra las aceitunas y pártalas en dos. Lave los pimientos y las guindillas, pártalos por la mitad, quite las semillas y córtelos en tiras. Escurra las alcaparras. Caliente el aceite de cacahuete y el picante en una sartén grande y sofría las láminas de patata. Añada las hortalizas, sazone y fríalo todo junto unos 5 minutos.

Mezcle los huevos con la leche y la nata. Viértalo sobre las patatas. Tape la sartén y baje el fuego. Lave la melisa, séquela y arranque las hojitas. Reparta la tortilla en los platos y adórnelos con las hojitas de melisa.

Ñoquis al curry

Tiempo de preparación:
1 hora y 20 minutos
529 kcal/2.223 kJ

Para 4 personas:

- **1 kg de patatas harinosas**
- **Sal**
- **1 cucharadita de semillas de comino**
- **220 g de harina**
- **3 yemas de huevo**
- **2 manojos de cebolletas**
- **1 guindilla seca**
- **3 cucharadas de aceite de sésamo**
- **40 g de jengibre encurtido**
- **3 cucharadas de anacardos**
- **3 cucharadas de curry en polvo**
- **300 ml de fondo de verduras**
- **2 cucharadas de espesante alimentario**
- **250 g de fruta en salsa de mostaza**

Lave las patatas y cuézalas con la piel en agua salada y aromatizada con el comino durante unos 20 minutos o hasta que estén tiernas. Escúrralas y déjelas reposar hasta que estén lo bastante frías para manipularlas, pero todavía templadas, y pélelas. Páselas por el pasapurés.

Mezcle la harina con las yemas de huevo y sal. Añada esta pasta al puré y amáselo con las manos hasta obtener una masa uniforme.

En una superficie de trabajo enharinada, modele rollitos de 1,5 cm de ancho y 2 cm de largo y enharínelos. Dibuje unas rayas presionando con un tenedor. Cueza los ñoquis en agua ligeramente salada durante unos 4 minutos o hasta que suban a la superficie. Sáquelos con la espumadera y escúrralos.

Limpie las cebolletas y córtelas en aros. Pique la guindilla. Fría la cebolleta y la guindilla en una sartén con el aceite caliente. Añada los anacardos y el jengibre y sazone con sal y el curry.

Incorpore el fondo de verduras y cuézalo unos 4 minutos. Añada el espesante. Incorpore los ñoquis. Escurra la fruta a la mostaza, córtela en dados y añádalos. Sirva el curry en los platos.

Patatas de San Juan rellenas

Tiempo de preparación:
1 hora
510 kcal/2.145 kJ

Para 4 personas:

- **4 patatas mantecosas grandes**

- **Sal**

- **1 kg de espárragos trigueros**

- **750 ml de fondo de verduras**

- **3 cucharadas de mantequilla**

- **1 ramito de estragón**

- **2 cl de madeira**

- **2 rodajas de pan integral negro con corteza**

- **2 cucharadas de aceite**

- **200 g de queso munster rallado**

Lave las patatas y cuézalas en agua ligeramente salada durante unos 25 minutos. Mientras tanto, lave los espárragos, pélelos, corte la parte fibrosa y trocéelos. Cuézalos en el fondo de verduras durante 12 minutos.

Escúrralos. Cuele las patatas y córtelas por la mitad, con cuidado.

En una sartén, rehogue los espárragos con la mantequilla. Lave, seque y corte el estragón en trocitos. Añádalo a la sartén de los espárragos y vierta por encima el madeira.

Desmenuce el pan y mézclelo con el aceite chafando con un tenedor. Rellene las patatas con el pan y los espárragos. Esparza el queso por encima. Gratínelas en el horno a media altura durante unos 10 minutos.

Sugerencia

El día de San Juan es el 24 de junio, que coincide con el final de la mejor temporada para los espárragos frescos. Los espárragos son una auténtica exquisitez y, además, ideales en cualquier dieta adelgazante, pues son muy pobres en calorías y ayudan a desintoxicar el cuerpo.

Sartenada de patatas

Tiempo de preparación:
35 minutos
588 kcal/2.469 kJ

Para 4 personas:

- **750 g de patatas, sal**

- **Semillas de comino**

- **450 g de una mezcla congelada de guisantes, zanahorias y espárragos**

- **500 ml de fondo de setas**

- **100 g de mezcla congelada de 8 hierbas**

- **Pimienta**

- **Nuez moscada recién rallada**

- **60 g de mantequilla derretida**

- **6 huevos duros de codorniz**

- **150 g de queso emmental rallado**

- **3 cucharadas de nata**

- **50 g de perejil**

Lave las patatas y cuézalas en agua ligeramente salada y aromatizada con el comino durante unos 12 minutos. Escúrralas, pélelas y córtelas en rodajas.

Mientras, hierva la verdura descongelada en el fondo de setas con la mezcla de hierbas y la nuez moscada, durante unos 6 minutos o hasta que esté hecha. Escúrrala.

Caliente la mantequilla en una sartén y rehogue las rodajas de patata. Sazone con sal y pimienta.

Para los huevos de codorniz por la mitad. Mezcle la verdura con las patatas. Mezcle el queso con la nata y el perejil y viértalo en la sartén.

Reparta la preparación en los platos y sírvalos adornados con los huevos de codorniz.

Refinada terrina de patatas

Tiempo de preparación:
1 hora
464 kcal/1.948 kJ

Para 4 personas:

- **500 g de patatas**

- **Sal**

- **700 g de repollo**

- **500 ml de caldo de verduras**

- **Pimienta, pimentón dulce**

- **1 pimiento verde, 1 amarillo y 1 rojo**

- **250 g de tomates cereza**

- **1 manojo de albahaca**

- **3 cucharadas de aceite de oliva**

- **200 ml de leche**

- **2 cucharadas de nata**

- **100 g de queso emmental rallado**

- **Mantequilla, para el molde**

Pele las patatas y cuézalas en agua ligeramente salada durante unos 20 minutos. Deshoje el repollo y escalde las hojas en el caldo de verduras con las especias durante unos 4 minutos. Escúrralas. Extiéndalas sobre la superficie de trabajo.

Lave los pimientos, pártalos por la mitad y quite las semillas. Córtelos en tiras. Lave los tomates y pártalos en dos. Lave la albahaca, séquela y córtela en juliana. Precaliente el horno a 170 °C.

Caliente el aceite en una sartén y rehogue el pimiento, los tomates y la albahaca. Sazone con sal, pimienta y pimentón.

Pase las patatas por el pasapurés. Añada la leche, la nata, el queso, sal, pimienta y pimentón y mezcle bien. Engrase una terrina con mantequilla y fórrela por completo con las hojas de repollo, de forma que sobresalgan por los bordes.

Rellene la terrina con el puré y el sofrito de pimiento de modo que el puré quede alrededor y el sofrito en el centro. Doble por encima las hojas del repollo que cuelguen y ponga más para taparlo del todo. Para acabar, cubra la terrina con papel de aluminio.

Cueza la terrina en el horno a media altura, durante unos 20 minutos. A media cocción, retire el papel de aluminio. Sirva en los platos porciones individuales.

Puré sabroso

Tiempo de preparación:
35 minutos
672 kcal/2.822 kJ

Para 4 personas:

- ▦ **900 g de patatas**

- ▦ **Sal, semillas de comino**

- ▦ **3 dientes de ajo**

- ▦ **6 cucharadas de aceite de nuez**

- ▦ **100 g de almendras laminadas**

- ▦ **Pimentón, pimienta**

- ▦ **1 ramito de melisa**

- ▦ **300 g de cebollitas encurtidas**

- ▦ **225 ml de leche**

- ▦ **20 g de mantequilla**

- ▦ **1 yema de huevo**

Lave las patatas y cuézalas en agua ligeramente salada y aromatizada con el comino durante unos 20 minutos. Pele los dientes de ajo y píquelos. Caliente el aceite de nuez en una sartén y rehogue las almendras laminadas con el ajo. Sazone con sal, pimienta y pimentón.

Lave, seque y deshoje la melisa. Corte las hojitas en tiras muy finas y añádalas a la sartén. Escurra las cebollitas e incorpórelas también.

Caliente la leche. Cuele las patatas, pélelas y páselas por el pasapurés. Mezcle el puré con la leche, la mantequilla y la yema de huevo. Ponga en los platos un lecho de puré y, en el centro, reparta el rehogado de almendra.

Empanadillas de patata

Tiempo de preparación:
1 hora
841 kcal/3.535 kJ

Para 4 personas:

- **250 g de patatas mantecosas**
- **Sal**
- **Semillas de comino**
- **4 cebollas rojas**
- **2 dientes de ajo**
- **3 cucharadas de aceite de cacahuete**
- **2 cucharadas de preparado de especias para chile con carne mexicano**
- **250 g de tomates pelados**
- **250 g de alubias rojas**
- **250 de maíz de lata**
- **150 g de mantequilla**
- **150 g de harina integral**
- **4 cucharadas de cerveza**
- **2 huevos**
- **Pimienta, pimentón**
- **2 yemas de huevo**
- **Cilantro para adornar**

Lave las patatas y cuézalas en agua ligeramente salada y aromatizada con el comino durante unos 15 minutos. Pele las cebollas y córtelas en dados.

Pele los ajos y píquelos. Caliente el aceite y rehogue la cebolla con el ajo.

Añada el preparado de especias y los tomates pelados. Escurra las alubias y el maíz y añádalos.

Prepare una masa con la mantequilla, la harina, 3 cucharadas de agua y la cerveza.

Cuele las patatas, pélelas, páselas por el pasapurés y añádalas a la masa de harina. Incorpore los huevos sin dejar de remover y sazone con sal, pimienta y pimentón.

Precaliente el horno a 200 °C. Extienda la masa sobre una superficie enharinada y vaya cortándola en rectángulos.

Reparta el sofrito entre los rectángulos, doble la masa por encima y enrosque los bordes. Pinte las empanadillas con yema de huevo y hornéelas a media altura unos 12 minutos. Repártalas en los platos y adórnelas con el cilantro.

Ensalada berlinesa de patatas

Tiempo de preparación:
45 minutos
385 kcal/1.618 kJ

Para 4 personas:

- **750 g de patatas**
- **Sal**
- **1 pepino**
- **1 manojo de eneldo**
- **1/2 manojo de borraja**
- **150 g de pepinillos en vinagre a la mostaza**
- **150 g de pepinillos en vinagre**
- **4 chalotes**
- **200 g de nata fresca espesa**
- **2 cucharadas de suero de leche**
- **1 cucharada de mostaza**
- **3 cucharadas de cerveza de trigo**
- **Pimienta**
- **3 huevos duros**

Lave las patatas y cuézalas en agua ligeramente salada durante unos 20 minutos. Lave el pepino y córtelo en rodajas. Sálelo.

Lave, seque y pique las hierbas. Escurra los pepinillos y córtelos en rodajas o en trocitos. Pele los chalotes y píquelos. Mezcle el pepino, los pepinillos y el chalote con la mitad de las hierbas aromáticas.

Escurra las patatas, déjelas enfriar, pélelas y córtelas en dados. Mézclelos con la preparación anterior.

Mezcle la nata con el suero de leche, la mostaza y la cerveza. Salpimiente.

Pele los huevos, mezcle la yema con la nata y corte la clara en dados. Vierta la salsa por encima de las patatas y esparza los dados de clara de huevo y el resto de las hierbas aromáticas.

Sugerencia

Si desea mejorar esta ensalada, le recomendamos la versión «sibarita», con carne de cangrejo de río cocida.

Patatas a la trufa

Tiempo de preparación:
35 minutos
309 kcal/1.297 kJ

Para 4 personas:

- **750 g de patatas pequeñas**

- **Sal**

- **3 cucharadas de aceite de trufa**

- **Pimienta**

- **110 g de trufas en conserva**

- **1 ramito de perejil**

Lave las patatas y cuézalas en agua ligeramente salada durante unos 15 minutos. Escúrralas y pélelas.

Caliente el aceite de trufa en una sartén y sofría las patatas. Sazone con sal y pimienta.

Corte las trufas en rodajas muy finas y añádalas a las patatas. Rehogue durante unos 3 minutos más.

Lave, seque y pique el perejil. Reparta las patatas en los platos y sírvalas espolvoreadas con el perejil.

Pastel picante de patata

Tiempo de preparación:
1 hora y 40 minutos
997 kcal/4.188 kJ

Para 4 personas:

- *1 kg de patatas*
- *Sal*
- *60 g de mantequilla a las hierbas*
- *350 g de harina integral*
- *4 huevos*
- *Pimienta*
- *150 g de harina*
- *250 g de piña en almíbar, troceada*
- *5 cebollas rojas*

- *1 trocito de 3 cm de jengibre fresco*
- *600 g de tomates de lata*
- *4 cucharadas de aceite de sésamo*
- *2 cucharadas de curry en polvo*
- *1/2 cucharadita de sambal oelek*
- *3 cucharadas de chutney de mango*

Pele las patatas y cuézalas en agua ligeramente salada durante 20 minutos. Ponga 375 ml de agua y la mante-quilla a las hierbas en una cazuela y llévela a ebullición. Añada 200 g de harina y cué-zalo hasta que se forme una bola en el fondo de la cazuela.

Cuele las patatas y páselas por el pasapurés. Bata los huevos con la pimienta y añádalo a la masa cocida. Incorpore el resto de la harina, amase bien y déjelo reposar unos 10 minutos.

Escurra la piña. Pele las cebollas y córtelas en dados. Pele el jengibre y píquelo. Caliente el aceite de sésamo en una sartén y rehogue la piña, la cebolla y el jengibre con los tomates enteros escurridos.

Sazone con sal, pimienta, el curry y el sambal oelek. Añada el chutney de mango. Precaliente el horno a 180 °C.

Con el rodillo, extienda la masa sobre un paño de cocina enharinado. Distribuya el relleno por encima y, con la ayuda del paño, vaya enro-llándolo. Forre la bandeja del horno con papel vegetal y cueza el pastel a media altura durante unos 30 minutos. Sírvalo cortado en porciones.

Patatas gratinadas con bechamel

Tiempo de preparación:
1 hora
528 kcal/2.219 kJ

Para 4 personas:

- **650 g de patatas, sal**

- **1 manojo de cebolletas**

- **300 g de setas de ostra**

- **1 calabacín, 4 cucharadas de aceite de nuez**

- **125 ml de fondo de setas**

- **Pimienta, 2 chalotes**

- **2 cucharadas de mantequilla, 3 cucharadas de harina**

- **150 ml de leche**

- **150 ml de caldo de verduras**

- **100 g de queso emmental rallado**

- **Mantequilla, para engrasar**

Lave las patatas y cuézalas en agua ligeramente salada unos 20 minutos. Limpie las cebolletas y córtelas en aros. Limpie las setas. Lave el calabacín y córtelo en rodajas. Caliente el aceite en una sartén y saltee las verduras. Vierta el fondo de setas. Sazone con sal y pimienta. Cuézalo durante 2 minutos. Precaliente en horno a 180 °C. Pele los chalotes y píquelos. Caliente la mantequilla y rehogue el picadillo. Esparza la harina y riegue con la leche y el caldo de verduras. Añada el queso. Escurra las patatas, pélelas y córtelas en rodajas. Unte un molde con la mantequilla y vaya haciendo capas de patatas y verduras. Vierta la bechamel y gratínelo durante unos 10 minutos.

Arroz y pasta

¡Se acabaron los acompañamientos insulsos a base de arroz y de pasta! Aquí se los presentamos como auténticos platos principales, en sencillas y delicadas recetas que le ayudarán a descubrir las nuevas posibilidades de estos dos nutritivos alimentos. Quesadillas de arroz salvaje, *papardelle* de espárragos, plumas gratinadas con crema de hinojo... El arroz y la pasta seguro que van a aprobar con nota.

Pasta con salsa teriyaki

*Tiempo de preparación:
45 minutos
511 kcal/2.147 kJ*

Para 4 personas:

- **250 g de macarrones**

- **1 manojo de cebolletas**

- **250 g de setas de ostra**

- **250 g de tirabeques**

- **250 g de brotes de soja**

- **4 cucharadas de aceite de sésamo**

- **100 g de castañas de agua en conserva**

- **250 ml de caldo asiático en conserva**

- **125 ml de vino de arroz**

- **125 ml de salsa teriyaki preparada**

- **Sal**

- **Pimienta**

- **Jengibre y mostaza molidos**

Cueza los macarrones siguiendo las instrucciones del envase. Escúrralos, páselos por el chorro de agua fría y déjelos escurrirse bien.

Resérvelos templados. Limpie las cebolletas y córtelas en aros pequeños.

Limpie las setas y córtelas en trocitos. Lave los tirabeques y quite las puntas y los hilos laterales.

Caliente el aceite de sésamo y rehogue la cebolleta, las setas y los tirabeques. Añada los brotes de soja

Escurra bien las castañas de agua, pártalas por la mitad y mézclelas con el caldo asiático, el vino de arroz y la salsa *teriyaki*. Viértalo en la sartén de las verduras y cuézalo todo a fuego medio durante unos 2 o 3 minutos.

Sazone bien con las especias y añada la pasta. Reparta los macarrones en los platos y sírvalos.

Arroz al gratén

Tiempo de preparación:
35 minutos
496 kcal/2.083 kJ

Para 4 personas:

- **400 g de tomates pelados de lata**
- **100 g de cebolla y ajo troceados**
- **1 cucharadita de salvia o de romero secos, picados**
- **2 o 3 cucharadas de aceite de oliva**
- **Sal**
- **Pimienta**
- **200 g de maíz de lata**
- **200 g de guisantes congelados**
- **125 ml de fondo de verduras**
- **2 o 3 cucharadas de vino tinto**
- **Mantequilla para la fuente**
- **250 g de arroz listo en 5 minutos**
- **150 o 200 g de queso gouda con pimienta rallado**

Mezcle los tomates (y el jugo de la lata) con el picadillo de ajo y cebolla y las especias.

Caliente el aceite de oliva en una sartén y rehogue el tomate a fuego lento durante 3 o 4 minutos. Sazone bien con sal y pimienta.

Añada el maíz, los guisantes, el fondo de verduras y el vino. Cuézalo todo a fuego medio unos 4 o 5 minutos.

Prepare el arroz siguiendo las instrucciones del envase. Precaliente el horno a 225 °C.

En una fuente refractaria engrasada, haga capas de arroz y verduras y, al final, espolvoree con el queso. Gratínelo en el horno, a media altura, durante 6 o 9 minutos.

Sugerencia

La costra que se forma cuando se gratina un horneado espolvoreado con queso es deliciosa. Prácticamente cualquier alimento así preparado se convierte en un auténtico manjar. La forma de conseguir los gratinados más dorados, crujientes y sabrosos es utilizar un queso rallado de pasta consistente y grasa, y echar unos copos de mantequilla por encima antes de meter la fuente bajo el grill, a media altura del horno.

Bucatini «diavolo»

Tiempo de preparación:
25 minutos
636 kcal/2.671 kJ

Para 4 personas:

- **4 guindillas rojas frescas**

- **100 g de cebolla y ajo troceados**

- **100 g de mezcla congelada de hierbas italianas**

- **1 cucharada de aceite a la guindilla y 3 de aceite de cacahuete**

- **200 g de salsa de tomate con especias**

- **Sal, cayena molida**

- **500 ml de fondo de verduras**

- **125 ml de vino tinto**

- **1 o 2 cucharadas de alcaparras**

- **2 o 3 cucharadas de nata fresca espesa**

- **Salsa de guindilla al gusto**

- **450 g de bucatini**

Lave las guindillas, pártalas en dos y quite las semillas. Píquelas.

Caliente el aceite picante con el aceite de cacahuete y fría la guindilla con la mezcla de cebolla y ajo y la mezcla italiana de hierbas. Vierta la salsa de tomate y sazone con sal y cayena.

Añada el fondo de verduras, el vino tinto y las alcaparras y cuézalo a fuego medio de 8 a 10 minutos.

Suavice la salsa con la nata y sazone con la salsa de guindilla. Prepare los *bucatini* siguiendo las instrucciones del envase y sírvalos bañados con la salsa.

Ensalada de fideos de celofán

Tiempo de preparación:
25 minutos
630 kcal/2.400 kJ

Para 4 personas:

- **3 zanahorias**

- **200 g de brécol**

- **200 g de setas** shiitake

- **200 g de jengibre encurtido**

- **200 g de chalotes**

- **5 o 6 cucharadas de aceite de sésamo**

- **Sal**

- **Pimienta**

- **Mostaza molida**

- **400 ml de fondo de verduras**

- **400 g de fideos de celofán**

- **250 ml de suero de leche**

- **2 o 3 cucharadas de yogur**

- **3 o 4 cucharadas de salsa de soja**

- **1 cucharada de mezcla de 5 especias**

Pele las zanahorias y córtelas en bastoncitos. Si usa brécol congelado, descongélelo. Limpie las setas frotándolas con cuidado con un paño y píquelas.

Escurra el jengibre y píquelo. Pique también los chalotes. Caliente el aceite y saltee la zanahoria, el brécol y las setas de 5 a 7 minutos. Sazone con sal, pimienta y mostaza. Mézclelo con el picadillo de jengibre y chalote.

Mientras, caliente el fondo y hierva los fideos de celofán.

Escúrralos. Mezcle el suero de leche con el yogur y la salsa de soja.

Sazone la salsa con la mezcla de 5 especias y aderece con ella la ensalada. Repártala en los platos.

Quesadillas de arroz salvaje

*Tiempo de preparación:
45 minutos
517 kcal/2.171 kJ*

Para 4 personas:

- ▨ **300 g de arroz salvaje**

- ▨ **200 g de queso rallado
  para pizza**

- ▨ **350 g de mezcla congelada de guisantes, zana-
  horiasy espárragos**

- ▨ **1 o 2 cucharadas
  de cilantro picado**

- ▨ **3 o 4 cucharadas
  de aceite de oliva**

- ▨ **Sal**

- ▨ **Pimienta**

- ▨ **4 o 6 tortillas mexicanas**

- ▨ **1 o 2 cucharadas
  de aceite**

- ▨ **4 o 5 cucharadas
  de salsa mexicana**

- ▨ **Guacamole**

Prepare el arroz siguiendo
las instrucciones del envase.
Escúrralo bien y mézclelo
con el queso. Rehogue todas
las verduritas con el cilantro
en una sartén con aceite de
oliva durante unos 6 o 7
minutos. Sazone con sal y
pimienta y no deje que se
enfríen las verduras.

Tueste las tortillas en una
sartén. En cada una, extienda
una capa de arroz y cúbrala
con una capa de verduras.
Tápela con otra tortilla y
déjelas en la sartén, hasta
que el queso empiece a
derretirse. Presione las tortillas para que se les pueda
dar la vuelta sin que se caiga
el relleno. Tueste el otro lado.
Corte cada quesadilla en 4 o
6 triángulos y sírvalas con la
salsa y el guacamole.

Pasta con cebollas caramelizadas

Tiempo de preparación:
1 hora
518 kcal/2.176 kJ

Para 4 personas:

- **500 g de cebollitas**

- **3 cucharadas de aceite de oliva**

- **1 calabacín**

- **4 dientes de ajo**

- **1 o 2 cucharadas de azúcar moreno**

- **150 ml de fondo de ave**

- **2 cucharadas de jerez o de vinagre de fruta**

- **300 g de conchiglioni**

- **200 g de avellanas laminadas**

- **1/2 manojo de albahaca**

Pele las cebollas. Caliente el aceite y rehóguelas durante unos 12 minutos. Lave el calabacín, séquelo y córtelo en rodajas muy finas.

Pele los dientes de ajo y córtelos en rodajitas. Añada el azúcar a la cebolla. En 4 o 5 minutos, las cebollas se caramelizarán.

Añada el calabacín y el ajo y rehogue 2 o 3 minutos más. Vierta el fondo de ave y el vinagre de fruta y cuézalo todo durante 2 o 3 minutos a fuego medio.

Prepare la pasta siguiendo las instrucciones del envase. Cuando la haya escurrido bien, mézclela con la salsa preparada y esparza las láminas de avellana por encima.

Lave la albahaca, séquela, deshójela y adorne con ella los platos.

Paquetitos de col rellenos de arroz

Tiempo de preparación:
1 hora y 10 minutos
352 kcal/1479 kJ

Para 4 personas:

- **500 o 600 g de col china**
- **Sal**
- **100 g de una mezcla de arroces preparada**
- **200 g de boletos en conserva**
- **3 ramas de apio**
- **2 o 3 cucharadas de aceite de oliva**
- **2 o 3 chalotes**
- **2 cucharadas de perejil picado**
- **2 cl de brandy**
- **2 cucharadas de queso fresco**
- **Pimienta**
- **Comino molido**
- **2 o 3 cucharadas de mantequilla**
- **250 o 500 ml de fondo de verduras**
- **Espesante alimentario al gusto**

Escoja las 8 hojas más bonitas y grandes de la col china. Lávelas, séquelas y recorte las nervaduras más gruesas. Escáldelas en agua salada durante 2 o 3 minutos. Páselas bajo el chorro del agua fría y escúrralas bien. Extienda las hojas en la superficie de trabajo. Lave el resto de la col china, séquela y córtela en tiras finas.

Prepare la mezcla de arroces siguiendo las instrucciones del envase. Escurra los boletos y píquelos. Limpie el apio y córtelos en trocitos. Caliente el aceite de oliva en una sartén y rehogue las setas con el apio y la col durante unos 4 o 5 minutos.

Pele los chalotes, píquelos y mézclelos con el perejil y el brandy. Rehóguelo unos 2 o 3 minutos a fuego medio. Incorpore el queso fresco, sal, pimienta y comino molido.

Mezcle las verduras rehogadas con el arroz y reparta el relleno entre las hojas. Envuélvalo bien con la col y ate los paquetitos con hilo de concina.

Caliente la mantequilla y dore los paquetitos por todos los lados durante 2 o 3 minutos. Añada el fondo y cuézalos unos 12 minutos a fuego medio. Si quiere espesar el fondo de cocción, eche la cantidad de espesante necesaria para que quede una salsa a su gusto. Sirva los paquetitos con la salsa.

Lasaña de pisto

Tiempo de preparación:
1 hora
747 kcal/3.138 kJ

Para 4 personas:

- ▦ **500 g de pisto congelado**

- ▦ **3 cucharadas de aceite de nuez**

- ▦ **100 g de hierbas de Provenza**

- ▦ **2 cl de vino tinto**

- ▦ **125 a 250 ml de fondo de verduras**

- ▦ **Sal, pimienta**

- ▦ **Grasa, para la fuente**

- ▦ **250 g de placas de lasaña**

- ▦ **200 g de queso roquefort**

- ▦ **50 g de copos de mantequilla**

- ▦ **50 g de pan rallado**

Caliente el aceite y sofría el pisto durante unos 3 o 4 minutos. Añada las hierbas, el vino y el fondo de verduras. Cuézalo unos 5 o 6 minutos más. Eche sal y pimienta.

Engrase una fuente para el horno. Precaliente el horno a 180 °C. Ponga en la fuente una capa de placas de lasaña.

Extienda una capa de verduras y otra de placas de lasaña. Siga así hasta que termine los ingredientes pero tenga en cuenta que la capa superior debe ser de verduras. Esparza el queso por encima.

Mezcle los copos de mantequilla con el pan rallado y espárzalo también por encima. Cueza la lasaña en el horno, a media altura, durante 30 o 35 minutos. Cuando esté lista, sáquela del horno, córtela en porciones y sírvala.

Cazuela de arroz integral picante

Tiempo de preparación:
45 minutos
281 kcal/1.182 kJ

Para 4 personas:

- ■ **200 g de arroz integral**

- ■ **250 g de coles de Bruselas congeladas**

- ■ **1 apionabo**

- ■ **4 nabos**

- ■ **3 o 4 cucharadas de aceite de nuez**

- ■ **1 l de fondo de verduras**

- ■ **Sal**

- ■ **Pimienta**

- ■ **Nuez moscada recién rallada**

- ■ **1 ramito de perifollo**

Prepare el arroz siguiendo las instrucciones del envase. Descongele las coles de Bruselas. Pele el apionabo y los nabos y córtelos en dados. Rehogue las hortalizas en una sartén con el aceite de nuez durante 4 o 5 minutos.

Añada el fondo y cuézalo todo a fuego medio de 15 a 20 minutos.

Escurra bien el arroz e incorpórelo a la sopa. Sazone bien con sal, pimienta y nuez moscada.

Lave el perifollo, séquelo y píquelo. Sirva la sopa en los platos y adórnelos con el perifollo.

116

Raviolis al estilo «Mamma Lucia»

Tiempo de preparación:
25 minutos
841 kcal/3.533 kJ

Para 4 personas:

- **400 g de raviolis frescos rellenos de queso**

- **Sal**

- **250 g de tomates pelados de lata**

- **200 g de antipasti** *en* **conserva**

- **200 g de queso pecorino rallado**

- **4 cl de licor de almendras**

- **Pimienta**

- **Salvia seca picada**

- **Grasa, para la fuente**

- **100 g de almendras laminadas**

- **Copos de mantequilla**

Hierva los raviolis en agua salada siguiendo las instrucciones del envase.

Mezcle en una cazuela los tomates con su jugo, el *antipasti,* el queso y el licor de almendras sin dejar de remover, hasta que el queso empiece a derretirse. Sazone con sal, pimienta y salvia.

Engrase una fuente para el horno y ponga los raviolis.

Vierta la salsa por encima, esparza las almendras laminadas y los copos de mantequilla. Hornéelo durante unos 5 o 6 minutos en la zona alta del horno.

Risotto con colmenillas

Tiempo de preparación:
1 hora
780 kcal/3.279 kJ

Para 4 personas:

- **30 g de colmenillas secas**

- **1 manojo de cebolletas**

- **80 g de mantequilla**

- **350 de arroz arborio**

- **250 ml de fondo de setas**

- **250 ml de fondo de verduras**

- **500 ml de vino rosado**

- **Sal**

- **Pimienta**

- **1 o 2 cucharadas de aceite de trufa**

- **5 cucharadas de queso parmesano rallado**

- **Perejil, para adornar**

Lave las colmenillas y déjelas en remojo durante unos 20 o 25 minutos.

Limpie las cebolletas y córtelas en aros.

Caliente la mantequilla en una cazuela y rehogue la cebolleta unos 4 o 5 minutos.

Escurra bien las colmenillas y píquelas. Añádalas a la cazuela junto con el arroz y, sin dejar de remover, rehogue unos 2 o 3 minutos.

Mezcle los fondos con el vino y vaya vertiendo cucharones a medida que el *risotto* los absorba.

Cueza así el *risotto* de 20 a 25 minutos, a fuego medio. Sazone con sal, pimienta y el aceite de trufa. Añada el parmesano, adorne el *risotto* con el perejil y sírvalo en seguida.

Sopa multicolor de pasta

Tiempo de preparación:
30 minutos
343 kcal/1.440 kJ

Para 4 personas:

- **1 l de fondo de verduras**

- **250 ml de fondo de setas**

- **100 g de hierbas para el caldo**

- **80 g de ramitos de brécol**

- **80 g de ramitos de coliflor**

- **80 g de zanahorias en conserva, escurridas**

- **Sal**

- **Pimienta**

- **Pimienta de Jamaica y comino molidos**

- **100 g de pasta de sopa**

- **1/2 ramito de perejil**

- **200 g de nata fresca espesa a las hierbas**

Caliente el fondo de verduras con el de setas. Vierta todas las hortalizas y cuézalas de 12 a 15 minutos.

Sazone la sopa con sal, pimienta, pimienta de Jamaica y comino.

Añada la pasta y cuézala de 5 a 7 minutos. Lave el perejil, séquelo y píquelo.

Mezcle la nata con el perejil. Reparta la sopa en los platos y sírvalos adornados con pizcas de la nata fresca espesa aromática.

Sugerencia

Cualquier comida, bien presentada, sabe aún mejor. Esta sopa se puede servir en unos bonitos platos soperos, pero también en boles o tazas. Lleve a la mesa pan recién hecho para acompañarla, o, si tiene pan duro, corte unos dados, fríalos y ofrézcalos a los comensales para que se sirvan.

Arroz basmati a la griega

Tiempo de preparación:
50 minutos
420 kcal/1.764 kJ

Para 4 personas:

- *De 150 a 200 g de arroz basmati*

- *400 ml de fondo de verduras*

- *250 g de espinacas congeladas*

- *4 tomates*

- *3 o 4 cucharadas de aceite de oliva*

- *Sal, pimienta*

- *1 cucharadita de orégano y 1 de tomillo picados*

- *2 o 3 cucharadas de zumo de limón*

- *1 o 2 cucharadas de ralladura de limón*

- *8 hojas de parra en conserva*

- *150 g de queso feta*

Cueza el arroz en el fondo de verduras durante 15 o 20 minutos. Descongele las espinacas.

Lave los tomates, haga un corte en forma de cruz en la piel y escáldelos en agua hirviendo durante unos 10 segundos. Escúrralos y sumérjalos en agua helada. Pélelos con la punta de un cuchillo pequeño.

Corte los tomates en dados. Caliente el aceite y rehogue el tomate con las espinacas de 6 a 8 minutos. Sazone con sal, pimienta y las hierbas.

Añada el zumo, la ralladura de limón y el arroz. Mezcle bien y caliéntelo. Escurra las hojas de parra. Extienda dos en cada plato. Reparta el arroz, esparza el queso desmenuzado por encima y sirva de inmediato.

Plumas gratinadas con crema de hinojo

Tiempo de preparación:
50 minutos
703 kcal/2.955 kJ

Para 4 personas:

- **200 g de plumas**

- **2 bulbos de hinojo**

- **200 g de boniatos cocidos**

- **3 o 4 cucharadas de aceite de oliva**

- **Sal**

- **Pimienta**

- **Anís, clavo y pimienta de Jamaica molidos**

- **500 ml de fondo de verduras**

- **4 o 5 cucharadas de nata agria (con un 20% de grasa)**

- **Mantequilla para la fuente**

- **100 g de queso Appenzeller rallado**

Prepare la pasta siguiendo las indicaciones del envase. Lave los bulbos de hinojo y córtelos en trocitos, incluso los tallos.

Escurra los boniatos y córtelos en dados.

Caliente el aceite y rehogue las hortalizas unos 10 minutos. Cháfelas con un tenedor y sazone bien.

Mezcle el fondo de verduras con la nata y cuézalo unos 2 o 3 minutos a fuego medio.

Precaliente el horno a 220 °C. Engrase una fuente para el horno y extienda la pasta. Vierta la crema de hinojo.

Esparza el queso por encima y gratínelo 5 o 6 minutos en la zona superior del horno.

Pilaf rojo al ajo

Tiempo de preparación:
50 minutos
627 kcal/2.635 kJ

Para 4 personas:

- **8 dientes de ajo**

- **4 o 5 cucharadas de aceite de oliva**

- **250 g de remolacha cocida en rodajas**

- **200 g de mazorquitas en conserva**

- **200 g de cebollitas en vinagre**

- **200 g de arroz para risotto**

- **125 ml de zumo de remolacha**

- **125 ml de vino tinto**

- **250 ml de fondo de verduras**

- **Sal**

- **Pimienta**

- **Cardamomo y cilantro molidos**

Pele los dientes de ajo y píquelos. Caliente el aceite en una cazuela y dore el ajo durante unos 5 o 6 minutos. Escurra la remolacha, las cebollitas y las mazorquitas.

Parta las mazorquitas por la mitad a lo largo y échelas a la cazuela, con la remolacha y las cebollitas. Cuézalo unos 2 o 3 minutos. Cueza el arroz con el zumo de remolacha, el vino tinto y el fondo de verduras de 20 a 25 minutos.

Añada el sofrito al *risotto*, caliéntelo y sazónelo bien con las especias. Sírvalo rápidamente.

Espárragos con pappardelle

Tiempo de preparación:
35 minutos
546 kcal/2.296 kJ

Para 4 personas:

- **1 1/2 kg de espárragos trigueros**

- **1 l de fondo de verduras**

- **5 chalotes**

- **5 cucharadas de vinagre de frambuesa**

- **2 cucharadas de mostaza dulce**

- **1 o 2 cucharaditas de ralladura de limón**

- **Sal**

- **Pimienta**

- **Azúcar**

- **2 cucharadas de una mezcla congelada de 8 hierbas**

- **300 g de** pappardelle

- **Unas hebras de azafrán**

- **2 o 3 cucharadas de aceite**

Lave los espárragos y pártalos en 3 trozos. Caliente el fondo y hiérvalos a fuego medio unos 8 minutos.

Pele los chalotes y píquelos. Mezcle el vinagre de frambuesa con 5 o 6 cucharadas del caldo de los espárragos, la mostaza, la ralladura de limón, las especias y las hierbas. Añada el picadillo de chalote y mezcle bien.

Caliente la mezcla. Prepare la pasta según se indique en las instrucciones del envase. Mezcle el azafrán con el aceite y échelo en la pasta, que tiene que estar bien caliente.

Reparta la pasta en los platos y, por encima, los espárragos. Riéguelo con la salsa caliente y sirva de inmediato.

Cereales y legumbres

Olvídese de las insulsas recetas para gente aburrida y eche un vistazo a estos tentadores platos. El cuscús, el bulgur, la harina de escanda, la quinoa y el maíz troceado… Todo ello nos abre un amplio abanico de deliciosos sabores. Nuestras originales recetas le enseñarán a preparar deliciosos platos principales basados en cereales y legumbres.

Quinoa al gratén

Tiempo de preparación:
1 hora y 15 minutos
660 kcal/2.774 kJ

Para 4 personas:

- *1 puerro*
- *4 zanahorias*
- *250 g de tirabeques*
- *350 g de setas shiitake*
- *1 o 2 guindillas frescas*
- *4 o 5 cucharadas de aceite de cacahuete*
- *250 g de brotes de soja*
- *Sal*
- *Pimienta*
- *Comino, mostaza y ajo molidos*
- *2 o 3 cucharadas de salsa de soja*
- *250 g de quinoa*
- *400 ml de fondo de verduras*
- *1 cucharada de mantequilla*
- *3 o 4 cucharadas de pacanas o nueces picadas*
- *Mantequilla para la fuente*
- *250 ml de salsa de queso en conserva*
- *100 g de queso gouda rallado*
- *Brotes de berro, para adornar*

Limpie el puerro y pele las zanahorias. Lave los tirabeques, despúntelos y quíteles los hilos laterales. Limpie las setas con un paño. Córtelo todo en trocitos.

Lave las guindillas, pártalas por la mitad, quíteles las semillas y píquelas.

Caliente el aceite y rehogue todas las hortalizas de 5 a 6 minutos. Lave los brotes de soja, escúrralos bien y añádalos a la sartén 2 o 3 minutos antes de acabar la cocción. Sazone y aliñe con la salsa de soja.

Prepare la quinoa con el fondo de verduras tal y como se indique en las instrucciones del envase. Eche las especias y la mantequilla.

Precaliente el horno a 180 °C. Engrase una fuente para el horno. Disponga capas de hortalizas rehogadas y quinoa.

Mezcle la salsa de queso con el gouda. Viértala sobre la preparación y hornéela a media altura entre 20 y 25 minutos. Sírvala adornada con los berros.

Sugerencia

Las semillas de quinoa tienen forma de granos de mostaza. Proceden de una planta anual que crece hasta una altura de tres a seis palmos y son muy ricas en sustancias minerales y vitaminas. También se vende en copos.

Lentejas de Puy
a las finas hierbas

Tiempo de preparación:
45 minutos
933 kcal/3.921 kJ

Para 4 personas:

- *4 zanahorias*

- *1 puerro*

- *1/2 apionabo*

- *250 g de cebollas*

- *4 o 5 cucharadas de aceite de nuez*

- *100 g de hierbas de Provenza*

- *Sal, pimienta*

- *800 g de lentejas de Puy*

- *1 l de fondo de verduras*

- *250 ml de fondo de setas*

- *3 o 4 cucharadas de vino rosado*

- *Pimienta al limón*

- *250 g de queso fresco*

- *125 ml de nata fresca espesa*

- *Sésamo, para adornar*

Limpie las zanahorias, el puerro, el apiónabo y las cebollas. Córtelo todo en dados.

Caliente el aceite en una cazuela y rehogue las hortalizas de 5 a 6 minutos. Añada las hierbas y sazone con sal y pimienta.

Vierta los fondos de verduras y de setas y el vino, añada las lentejas y cuézalas a fuego medio durante unos 20 minutos. Apague el fuego.

Sazone con la pimienta al limón. Cuando haya dejado de hervir, añada el queso fresco y la nata.

Adorne el plato con el sésamo y sírvalo. Queda muy bien si se acompaña con patatas asadas.

129

Cazuela multicolor de alubias

Tiempo de preparación:
1 hora y 20 minutos
442 kcal/1.856 kJ

Para 4 personas:

■ *400 g de alubias rojas*

■ *100 g de una mezcla de cebolla y ajo troceados*

■ *2 pimientos rojos*

■ *350 g de apio*

■ *4 zanahorias*

■ *4 o 5 cucharadas de aceite de cacahuete*

■ *1 1/2 l de fondo de verduras*

■ *Sal*

■ *Pimienta*

■ *2 cucharaditas de ajedrea y 2 de albahaca*

■ *250 g de nata fresca espesa*

Deje las alubias en remojo durante toda la noche. Limpie las zanahorias, los pimientos y el apio, pélelos si es necesario y córtelos en dados. Caliente el aceite de cacahuete en una sartén y rehogue todos los ingredientes durante unos 4 o 5 minutos.

Vierta 250 ml del fondo de verduras y cuézalo 10 minutos a fuego medio. Escurra las alubias.

Ponga a hervir el resto del fondo de verduras y cueza las alubias durante unos 40 o 50 minutos. 10 minutos antes

de finalizar la cocción, salpimiente y añada las hierbas aromáticas.

Antes de apagar el fuego, incorpore las hortalizas y caliéntelo todo bien. Reparta el guiso y adórnelo con una cucharada de nata agria.

Burritos de cuscús

Tiempo de preparación:
50 minutos
356 kcal/1.498 kJ

Para 4 personas:

- **8 tortillas mexicanas medianas**

- **750 g de col lombarda**

- **4 o 5 cucharadas de mantequilla**

- **1 cucharada de canela**

- **Cayena molida**

- **Cilantro, clavos y anís molidos**

- **200 ml de fondo de setas**

- **250 g de cuscús**

- **350 ml de fondo de verduras**

- **Sal, pimienta**

- **Brotes de berro, para adornar**

Caliente las tortillas siguiendo las instrucciones del envase.

Lave la col lombarda y córtela en juliana. Rehóguela con la mantequilla de 6 a 8 minutos. Sazone con las hierbas para que adquiera un sabor intenso y añada el fondo de setas. Guise la col a fuego medio hasta que esté tierna (de 10 a 15 minutos).

Prepare el cuscús según las instrucciones del envase con el fondo de verduras. A continuación, sazone. Con un tenedor, separe los granos que se puedan haber pegado y mézclelo con la col.

Reparta el relleno entre las tortillas y enróllalas. Preséntelas adornadas con los berros.

Plato de tofu y cebada

Tiempo de preparación:
50 minutos
275 kcal/1.157 kJ

Para 4 personas:

- ▦ **8 remolachas**

- ▦ **Sal**

- ▦ **1 cucharadita de semillas de comino**

- ▦ **650 ml fondo de verduras**

- ▦ **1 cucharada de vinagre de vino tinto**

- ▦ **1 o 2 cucharadas de aceite de nuez**

- ▦ **2 cucharadas de crema de rábano blanco**

- ▦ **250 g de cebada troceada**

- ▦ **250 g de tofu**

- ▦ **Pimienta**

- ▦ **4 o 6 cucharadas de salsa de soja clara**

Lave las remolachas y hiérvalas en agua durante unos 15 minutos. Pélelas y córtelas en dados. Vierta el fondo de verduras en una cazuela y sazónelo. Cueza la remolacha unos 10 minutos más.

Añada el vinagre, el aceite y la crema de rábano. Cuando falten 6 o 7 minutos para terminar la cocción, añada la cebada.

Corte el tofu en dados y póngalo en una fuente. Salpimiéntelo y riéguelo con la salsa de soja. Déjelo macerar 10 minutos. Escurra el estofado. Mezcle el tofu con los otros ingredientes. Sirva.

Escanda al gratén con queso de cabra

Tiempo de preparación:
50 minutos
703 kcal/2.955 kJ

Para 4 personas:

- **2 manojos de cebolletas**

- **300 g de escanda secada en verde**

- **500 ml fondo de verduras**

- **6 zanahorias**

- **350 g de guisantes congelados**

- **3 o 4 cucharadas de aceite de oliva**

- **1/2 cucharadita de hojas de salvia picadas**

- **Sal**

- **Pimienta**

- **Mantequilla para la fuente**

- **250 g de queso de cabra**

- **30 g de copos de mantequilla**

Precaliente el horno a 200 °C. Limpie las cebolletas y córtelas en aros.

Cueza la cebolleta con la escanda en el fondo de verduras de 15 a 20 minutos.

Lave las zanahorias, pélelas y córtelas en dados. Fríalas brevemente junto con los guisantes, ya descongelados, en aceite de oliva.

Añada la salvia, salpimiente y cuézalo unos 2 o 3 minutos más a fuego medio. Engrase una fuente para el horno.

Mezcle las verduras con la escanda en la fuente.

Ralle el queso y espárzalo por encima de la preparación junto con los copos de mantequilla. Gratínelo de 10 a 15 minutos en la zona superior del horno.

Sugerencia

Existe gran variedad de clases y formas de queso de cabra. Si lo prefiere suave, deberá adquirir queso fresco. El queso curado tiene un aroma más intenso y penetrante.

Bulgur con azukis

Tiempo de preparación:
40 minutos
1.168 kcal/4.906 kJ

Para 4 personas:

- **500 g de azukis**

- **650 ml de fondo de verduras**

- **1 cucharada de ajedrea picada**

- **Sal**

- **Pimienta**

- **150 g de albahaca**

- **80 g de piñones**

- **50 g de queso parmesano**

- **50 g de queso pecorino**

- **4 o 5 dientes de ajo**

- **100 g de aceitunas negras sin hueso**

- **250 ml de aceite de oliva**

- **400 g de bulgur**

Hierva los azukis en el fondo de verduras. Añada la ajedrea, sal y pimienta y cuézalo todo a fuego medio de 30 a 35 minutos.

Triture en la picadora la albahaca, los piñones y el queso.

Pele el ajo, píquelo y mézclelo con las aceitunas. Prepare un puré fino con estos dos ingredientes mientras les va echando el aceite de oliva.

Prepare el bulgur siguiendo las instrucciones del envase. Mézclelo con los azukis y repártalo en 4 porciones con el pesto.

Polenta con acelgas

Tiempo de preparación:
40 minutos
697 kcal/2.929 kJ

Para 4 personas:

- ▥ **300 g de sémola de maíz**
- ▥ **1 l de fondo de verduras**
- ▥ **100 g de mantequilla a la pimienta**
- ▥ **Sal**
- ▥ **750 g de acelgas**
- ▥ **6 chalotes**

- ▥ **150 g de salsa de tomate con especias**
- ▥ **3 o 4 cucharadas de aceite de oliva**
- ▥ **Pimienta, pimentón**
- ▥ **Aceite, para freír**
- ▥ **Rodajas de calabacín, para adornar**

Remueva la sémola y viértala en el fondo de verduras caliente. Añada la mantequilla y la sal. Cuézala de 10 a 15 minutos a fuego medio.

No deje de remover. El puré de sémola está listo cuando se desprende de las paredes del recipiente formando una masa. Deje enfriar la masa de sémola en una superficie llana de trabajo. Cuando ya se pueda manipular, déle forma de rollo y córtela en rodajas.

Lave las acelgas y corte las nervaduras más gruesas. Corte trocee las pencas y pique las hojas. Escáldelo todo junto en agua salada hirviendo durante unos 4 o 5 minutos.

Escurra las acelgas. Pele los chalotes y píquelos. Sofría los chalotes y la salsa de tomate con especias en una sartén con el aceite de oliva de 4 a 5 minutos. Sazone bien el guiso con sal, pimienta y pimentón.

Fría las rodajas de sémola en el aceite caliente por ambos lados. Distribúyalas en los platos, añada las acelgas y sírvalos adornados con unas rodajas de calabacín.

Berenjenas con relleno de mijo

Tiempo de preparación:
50 minutos
342 kcal/1.437 kJ

Para 4 personas:

- **250 g de mijo**

- **1 l de fondo de verduras**

- **Cilantro, comino y cardamomo molidos**

- **Sal, cayena molida**

- **50 g de anacardos**

- **8 berenjenas pequeñas**

- **Mantequilla para la fuente**

Hierva el mijo en el fondo de verduras aromatizado con las especias durante unos 30 minutos a fuego medio. Escúrralo. Tueste los anacardos en una sartén sin aceite. Lave las berenjenas, pártalas por la mitad y sale uniformemente las superficies cortadas. Déjelas reposar de 10 a 15 minutos.

Enjuague la sal con agua fría y seque las superficies cortadas de las berenjenas con un paño de cocina limpio. Con un vaciador de frutas, extraiga la pulpa desde la mitad hasta el borde. No agujeree la piel.

Precaliente el horno a 160 °C. Corte la pulpa de berenjena en dados y mézclelos con el mijo. Rellene las berenjenas con esta mezcla y esparza los anacardos por encima. Engrase una fuente para el horno. Coloque las berenjenas y cuézalas en el horno de 10 a 15 minutos, a media altura.

Cazuela de garbanzos

Tiempo de preparación:
70 minutos
(más el tiempo de remojo)
646 kcal/2.715 kJ

Para 4 personas:

- **400 g de garbanzos**

- **1 1/2 l de fondo de verduras**

- **Pimienta**

- **Clavo, cardamomo y comino molidos**

- **2 cebollas**

- **600 g de tomate troceado de lata**

- **1 col china**

- **4 o 5 cucharadas de aceite de sésamo**

- **Sal**

- **1 ramito de perejil**

Deje los garbanzos en remojo toda la noche. Escúrralos y enjuáguelos bien con agua fría del grifo.

Ponga el fondo de verduras a hervir con las especias. Eche los garbanzos y cuézalos a fuego medio de 60 a 70 minutos. Pele las cebollas y píquelas.

Escurra los tomates pero guarde el jugo de la lata.

Lave la col china y córtela en trozos pequeños. Caliente el aceite de sésamo y sofría la cebolla, la col y el tomate de 6 a 7 minutos. Salpimiente y, cuando falten 5 minutos para terminar el sofrito, añada los garbanzos.

Lave el perejil, séquelo y píquelo. Suavice el guiso con el jugo del tomate y sírvalo adornado con el perejil.

Cebollas rellenas

Tiempo de preparación:
1 hora y 15 minutos
336 kcal/1.413 kJ

Para 4 personas:

- **De 4 a 6 cebollas medianas**
- **400 ml de fondo de verduras**
- **De 150 a 300 g de bulgur**
- **Aceite, para la fuente**
- **2 aguacates**
- **1 cucharada de zumo de limón**
- **100 g de tomates cereza**
- **1 o 2 cucharadas de aceite de semillas de calabaza**
- **50 g de semillas de calabaza picadas**
- **Sal**
- **Pimienta**
- **125 ml de vino blanco**

Sugerencia

El bulgur, una sémola gruesa de trigo, es un alimento básico en los países árabes. Constituye una buena alternativa al arroz y es más rico en proteínas y vitaminas. El bulgur tiene un ligero sabor a fruto seco.

Pele las cebollas y córtelas por la parte superior, como para hacerles una tapa. Cuézalas con sus tapas en el fondo de verduras de 12 a 14 minutos. Retírelas con la espumadera y déjelas escurrir bien. Reserve el caldo.

Vaya eliminando capas del centro de las cebollas cuidadosamente hasta que tengan 1 cm de grosor. Corte en dados las capas retiradas y las tapas de las cebollas.

Hierva el bulgur en el caldo de cocción de las cebollas durante unos 20 minutos. Precaliente el horno a 180 °C. Engrase una fuente para el horno.

Pele los aguacates, pártalos por la mitad, quite el hueso y corte la pulpa en dados. Rocíe los dados con el zumo de limón.

Lave los tomates y córtelos en cuartos. Añádalos al bulgur junto con el aceite de y las semillas picadas y mézclelo bien. Salpimiente.

Rellene las cebollas con la mezcla. Colóquelas en la fuente y vierta por encima el vino blanco. Hornéelas de 10 a 15 minutos a media altura.

Sopa cremosa de guisantes

Tiempo de preparación:
55 minutos (más tiempo
de remojo)
505 kcal/2.121 kJ

Para 4 personas:

- ▦ **200 g de guisantes amarillos secos**

- ▦ **500 ml de fondo de verduras**

- ▦ **Sal, pimienta**

- ▦ **50 g de harina de alforfón**

- ▦ **100 g de hierbas para el caldo**

- ▦ **50 g de mezcla congelada de 8 hierbas**

- ▦ **3 o 4 cucharadas de aceite de oliva**

- ▦ **200 g de nata fresca espesa**

- ▦ **Salsa Worchester**

- ▦ **1 manojo de perejil**

Deje los guisantes en remojo durante toda la noche. Mezcle el agua del remojo con el fondo de verduras y cueza los guisantes de 40 a 45 minutos a fuego medio. Salpimiente.

Rehogue el alforfón con las hierbas para el caldo y la mezcla de hierbas en aceite de oliva caliente de unos 4 o 5 minutos.

20 minutos antes de finalizar la cocción, añádalo a los guisantes, y, al acabar, tritúrelo y haga un puré.

Añada la nata y sazone con sal, pimienta y la salsa Worchester.

Lave el perejil, séquelo y píquelo. Reparta la sopa en los platos, espolvoréela con el perejil picado y sírvala adornada con la nata.

Nidos de verduras y lentejas

Tiempo de preparación:
1 hora y 30 minutos
588 kcal/2.471 kJ

Para 4 personas:

- *De 500 a 750 ml de fondo de verduras*

- *5 cebollas*

- *200 g de menestra congelada*

- *200 g lentejas rojas*

- *Sal, comino molido*

- *1 1/2 kg de patatas*

- *Aceite, para freír*

- *Salsa de guindilla dulce*

Caliente el fondo de verduras. Pele las cebollas y córtelas en dados. Cueza la cebolla, la menestra y las lentejas en el fondo de verduras unos 20 o 22 minutos con la cazuela destapada.

Un poco antes de finalizar la cocción, sazone con las especias. Lave las patatas, pélelas y rállelas sobre una fuente.

Escurra bien la masa de las patatas y prénsela para extraer el máximo de agua. El proceso de cocción de los nidos es el siguiente: llene un colador de metal hasta la mitad con patata rallada, dele forma de nido o de cestito presionando con otro colador de igual o diferente tamaño y sumérjalos en la freidora con el aceite muy caliente para que se cuezan igual por todos los lados, sin dejar de presionar. Suelen ser necesarios unos 13 minutos para que adquieran un bonito tono dorado y queden crujientes. En total, deben salir 8 nidos.

Ponga los nidos sobre papel de cocina para que absorba todo el aceite posible. Sálelos ligeramente y resérvelos calientes.

Rellénelos con el guiso de lentejas. Repártalos y sírvalos con la salsa de guindilla dulce.

Cazuela india de legumbres

Tiempo de preparación:
55 minutos
210 kcal/882 kJ

Para 4 personas:

- **1 l de fondo de verduras**
- **400 g de guisantes**
- **Sal**
- **Pimienta**
- **400 g de una mezcla congelada de brécol, coliflor y zanahoria**
- **1 o 2 cucharadas de aceite de oliva**
- **1 cucharadita de cada de curry, comino, jengibre y cilantro molidos**
- **Cayena molida**
- **Perejil, para adornar**

Cueza los guisantes en el fondo de verduras a fuego medio de 40 a 45 minutos. Salpimiente.

Hierva las verduras congeladas. Caliente el aceite y fría las especias.

Vierta la verdura y el aceite especiado en la cazuela de los guisantes y mezcle bien. Adorne con el perejil.

Vegeburger

Tiempo de preparación:
55 minutos
938 kcal/3.939 kJ

Para 4 personas:

- **200 g de sémola de alforfón**
- **500 ml de fondo de verduras**
- **2 huevos**
- **100 g semillas de girasol picadas**
- **5 cucharadas de copos de avena finos**
- **200 g de pisto congelado**
- **Sal**
- **Pimienta**
- **500 g de tomates pelados de lata**
- **3 o 4 cucharadas de aceite de nuez**
- **Azúcar**
- **Cebolla deshidratada molida**
- **2 ramilletes de albahaca**
- **125 ml de vino de Oporto**
- **1 cucharada de vinagre de frambuesa**
- **Mantequilla, para freír**
- **6 u 8 panecillos integrales**

Caliente el fondo de verduras e incorpore la sémola de alforfón. Cuézala a fuego medio durante unos 20 minutos.Déjela enfriar.

Bata los huevos y añada las semillas de girasol picadas, los copos de avena y la sémola de alforfón.

Prepare el pisto siguiendo las instrucciones del envase y, cuando esté listo, tritúrelo para hacer un puré fino.

Añada el puré de verduras a la pasta de sémola de alforfón y trabájela hasta que esté flexible. Salpimiente. Déjelo reposar 10 minutos.

Escurra bien los tomates pero reserve el jugo. Caliente en una sartén el aceite de nuez y rehogue los tomates, partiéndolos con un tenedor. Sazone bien con sal, pimienta, azúcar y cebolla. Lave, seque y corte la albahaca en tiras. Añada al sofrito de tomate el oporto, 2 o 3 cucharadas del jugo de la lata, el vinagre y la albahaca. Déjelo que se reduzca de 6 a 7 minutos.

Con las manos mojadas, modele hamburguesas de pasta de verduras y sémola. Fríalas por los dos lados con mantequilla durante unos 6 o 7 minutos.

Parta los panecillos, tueste un poco las dos mitades y úntelos con la salsa de tomate. Ponga cada «vegeburger» sobre la mitad de un panecillo y tápelo con la otra mitad.

Croquetas de tofu

Tiempo de preparación:
55 minutos
518 kcal/2.175 kJ

Para 4 personas:

- **8 cebollas rojas**
- **200 g de quingombós de lata**
- **200 g de batatas cocidas**
- **200 g de apio**
- **750 ml de fondo de verduras**
- **1 cucharada de mezcla de 5 especias**
- **30 g de mantequilla, 40 g de harina**
- **150 ml de fondo de setas**
- **250 g de brotes de soja**
- **400 g de tofu ahumado**
- **1 o 2 cucharadas de salsa de soja**
- **80 g de harina, 1 o 2 huevos**
- **100 g pan rallado**
- **Aceite, para freír**
- **2 cestitas de brotes de berro**
- **Salsa Thai de cacahuetes, suave o picante, al gusto**

Pele las cebollas y píquelas. Escurra bien los quingombós.

Cuando estén escurridos, córtelos en aros.

Corte las batatas en dados. Lave el apio, pélelo y córtelo en daditos. Cueza la cebolla, la batata y el apio en el fondo de verduras durante unos 6 minutos a fuego medio. Sazone el caldo con la mezcla de especias. Escurra las verduras.

Caliente la mantequilla en una cazuela y esparza la harina. Vierta el fondo de setas.

Trocee los brotes de soja. Chafe el tofu con un tenedor.

Mezcle el tofu con los brotes de soja y la salsa de setas. Sazone con la salsa de soja. Trocee la verdura cocida con el tenedor y añádala.

Haga croquetas de masa y enharínelas. páselas por el huevo batido. Rebócelas con el pan rallado y fríalas en una sartén el aceite caliente de 6 a 8 minutos, hasta que estén doradas.

Ponga las croquetas sobre papel de cocina para que absorba el exceso de aceite. Lave los berros y séquelos. Sirva las croquetas con los berros y la salsa Thai para mojar.

Sugerencia

El tofu es una especie de «queso» de soja, más o menos consistente. Es rico en proteínas y minerales, y una buena fuente de vitamina B1, estupenda contra la falta de apetito y el cansancio.

Tamales de maíz y judías

Tiempo de preparación:
1 hora y 35 minutos
460 kcal/1.930 kJ

Para 4 personas:

- ▓ **De 8 a 10 mazorcas frescas**

- ▓ **300 g de alubias rojas cocidas**

- ▓ **300 g de calabaza agridulce en conserva**

- ▓ **2 o 3 cucharadas de aceite de nuez**

- ▓ **250 ml de fondo de verduras**

- ▓ **2 guindillas secas**

- ▓ **1 cucharada de guindilla molida**

- ▓ **250 g de queso fresco**

- ▓ **Salsa mexicana preparada**

Separe con cuidado las hojas de las mazorcas. Escáldelas en agua hirviendo durante 2 o 3 minutos y deje que se escurran sobre papel de cocina. Separe los granos de maíz. Escurra bien las alubias y la calabaza. Dore el maíz, las alubias y la calabaza en el aceite de nuez caliente 4 o 5 minutos.

Vierta el fondo de verduras y sazone con la guindilla desmenuzada y la guindilla molida. Cuézalo a fuego medio de 7 a 9 minutos más. Tritúrelo todo y mézclelo con el queso fresco. Para hacer los tamales, ponga dos hojas de mazorca en forma de cruz, una sobre la otra. Ponga en el centro una porción del puré preparado y doble las hojas por encima. Ate los paquetitos con hilo de cocina. En una cazuela con vaporera o un wok, cueza los paquetitos al vapor durante 50 o 60 minutos. Sírvalos con salsa.

Pescado y marisco

Quien no tenga ganas de comer carne
no tiene por qué renunciar al pescado.
Por eso presentamos una recopilación
de nuestras recetas preferidas: desde tapas
variadas para el bufé de una fiesta hasta
estupendos platos principales. Con el pescado
y el marisco seguro que acertará.

Cazuela de pescado al curry

Tiempo de preparación:
30 minutos
745 kcal/3.129 kJ

Para 4 personas:

- ▣ *3 cebollas rojas*

- ▣ *2 zanahorias*

- ▣ *2 dientes de ajo*

- ▣ *3 o 4 cucharadas de*
  mantequilla

- ▣ *3 cucharadas de curry*
  en polvo

- ▣ *250 ml de vino blanco*

- ▣ *750 ml de fondo de*
  pescado

- ▣ *Sal*

- ▣ *Pimienta*

- ▣ *750 g de filetes de*
  escorpina

- ▣ *3 cucharadas de nata*
  agria (con un 20%
  de grasa)

- ▣ *Perifollo, para adornar*

Pele las cebollas y las zanahorias y córtelas en dados.
Pele los dientes de ajo y
píquelos.

Caliente la mantequilla y dore
las hortalizas de 4 a 5 minutos. Añada el curry y vierta
el vino blanco y el fondo de
pescado. Salpimiente y cuézalo a fuego medio durante
unos 10 minutos.

Lave los filetes de pescado,
séquelos y córtelos en trozos
no muy grandes. Añádalos a
la cazuela 5 minutos antes de

terminar la cocción. Cuando
haya dejado de hervir, suavice el guiso con un poco de
nata agria y sírvalo adornado
con el perifollo.

Carpaccio de atún

Tiempo de preparación:
45 minutos
962 kcal/4.041 kJ

Para 4 personas:

- **650 g de filete de atún muy fresco**

- **2 limones**

- **250 g de frambuesas congeladas**

- **1 cucharada de alcaparras**

- **2 ramitas de romero**

- **250 ml de vino de arroz**

- **6 cucharadas de aceite de oliva**

- **8 tortitas de patata preparadas**

- **2 cestitas de berros**

- **Pimienta al limón**

Ponga a enfriar el atún. Cuando esté bien frío, córtelo con un cortafiambres en láminas muy delgadas. Extienda las láminas en una fuente grande y llana.

Exprima los limones. Descongele las frambuesas. Escurra las alcaparras. Lave el romero, séquelo y separe las hojas. Vierta el zumo de limón gota a gota sobre el atún. Mezcle el vino de arroz con el aceite de oliva. Añada las frambuesas, las alcaparras y el romero y viértalo sobre el atún. Déjelo reposar unos 20 minutos.

Prepare las tortitas de patata siguiendo las instrucciones del envase. Lave y seque los berros. Sirva las láminas de atún sobre las tortitas de patata, adornadas con los berros y espolvoreadas con pimienta al limón.

Albóndigas de pescado con salsa de cacahuete

Tiempo de preparación:
40 minutos
692 kcal/2.908 kJ

Para 4 personas:

- **400 g de filetes de pescado blanco**
- **6 tostadas integrales**
- **6 cucharadas de leche de coco**
- **2 huevos**
- **2 cucharadas de harina**
- **Sal**
- **Pimienta**
- **Cardamomo, anís y comino molidos**
- **1/2 manojo de perejil**
- **900 ml de fondo de pescado**
- **100 g de cacahuetes sin sal**
- **2 dientes de ajo**
- **1 cucharada de pasta de guindilla**
- **2 cucharadas de pan rallado**
- **1 sobrecito de azafrán**
- **125 ml de jerez seco**
- **6 cucharadas de aceite de nuez**

Lave el pescado, séquelo y córtelo en trozos no demasiado pequeños. Desmenuce las tostadas integrales y mezcle las migas con la leche de coco y los trocitos de pescado para formar una pasta.

Mezcle los huevos con la harina y sazone bien con las especias. Lave el perejil, séquelo y píquelo. Añada el perejil y la pasta huevo a la de pescado. Mézclelo todo bien.

Haga albóndigas con la pasta. Caliente 600 ml del fondo de pescado y cueza las albóndigas a fuego medio de 8 a 10 minutos.

Triture los cacahuetes. Pele los dientes de ajo. Prepare una salsa con el ajo, la pasta de guindilla, el pan rallado, el azafrán, el jerez, el aceite y los cacahuetes picados. Tritúrelo hasta que adquiera la consistencia de un puré fino.

Caliente el resto del fondo de pescado e incorpore el puré. Déjelo al fuego unos 3 o 4 minutos. Retire las albóndigas, deje que se escurran bien y repártalas en los platos. Sírvalas bañadas con la salsa de cacahuete.

Lucio guisado a las hierbas

Tiempo de preparación:
50 minutos
623 kcal/2.618 kJ

Para 4 personas:

- **4 medallones de lucio**

- **1 cucharada de zumo de limón**

- **Sal**

- **Pimienta**

- **2 cucharadas de harina**

- **4 cucharadas de aceite de cacahuete**

- **350 ml de fondo de pescado**

- **4 cl de bourbon**

- **200 g de nata fresca espesa**

- **3 cucharadas de crema de rábano blanco**

- **1/2 ramito de eneldo**

- **Medias rodajas de limón, para adornar**

Lave el pescado, séquelo y rocíelo con el zumo de limón. Salpimiéntelo y rebócelo con la harina.

Caliente el aceite en una sartén. Sacuda un poco los medallones para que se suelte el exceso de harina. Fríalos por ambas caras durante unos 3 minutos.

Añada la mitad del fondo de pescado y el bourbon y déjelo reducir de 7 a 9 minutos a fuego medio.

Retire el pescado y resérvelo caliente. Añada el resto del fondo de pescado a la sartén y cueza la salsa 3 o 4 minutos más.

Añada la nata y la crema de rábano blanco. Lave y seque el eneldo. Separe las hojitas y píquelas. Agregue el eneldo a la salsa.

Rectifique de sal y pimienta. Sirva la salsa con los medallones de lucio y adórnelos con las medias lunas de limón. Este plato queda muy bien acompañado de patatas.

Sugerencia

El lucio es un pescado de agua dulce y su carne es muy fina y jugosa. Es preferible comprarlo fresco porque en su variedad ahumada pierde mucho sabor.

Cangrejos de río picantes

Tiempo de preparación:
20 minutos
426 kcal/1.791 kJ

Para 4 personas:

- **500 g de cangrejos de río cocidos y pelados**

- **4 dientes de ajo**

- **4 guindillas secas**

- **125 ml de aceite de sésamo**

- **1 cucharada de aceite a la guindilla**

Lave los cangrejos y séquelos bien. Pele los dientes de ajo y píquelos. Desmenuce las guindillas.

Caliente el aceite de sésamo con el aceite picante en una sartén y dore el ajo y la guindilla de 3 a 4 minutos.

Añada los cangrejos y saltéelos 1 minuto. Sírvalos rápidamente.

Quedan muy bien acompañados de pan de hogaza, de centeno o de barra, y también de una ensalada fresca de tomate y pepino con yogur.

Exquisitas brochetas de salmón

Tiempo de preparación:
30 minutos
642 kcal/2.698 kJ

Para 4 personas:

- **600 g de filete de salmón**

- **1 cucharada de zumo de limón**

- **6 chalotes**

- **1 pimiento rojo**

- **1/2 calabacín**

- **200 g de gambones frescos pelados**

- **Sal, pimienta**

- **Cardamomo y jengibre molidos**

- **5 o 6 cucharadas de aceite de sésamo**

Lave los filetes de pescado, séquelos y córtelos en dados medianos. Úntelos con el zumo de limón.

Pele los chalotes y pártalos por la mitad. Lave el pimiento, pártalo por la mitad, quite las semillas y trocéelo. Lave el calabacín y córtelo en rodajas.

Vaya ensartando en las brochetas chalote, pimiento, gambón, salmón... Aderécelas con sal, pimienta, cardamomo y jengibre.

Caliente el aceite en una parrilla y ase las brochetas por todos los lados de 6 a 8 minutos. Repártalas en los platos y sírvalas. Quedan muy bien acompañadas de tallarines con salsa de eneldo.

Pescado en hojas de banano

Tiempo de preparación:
1 hora
643 kcal/2.703 kJ

Para 4 personas:

- **3 dientes de ajo**

- **6 chalotes**

- **1 trozo de 2 cm de jengibre fresco**

- **1 cucharada de salsa de soja, 1 de salsa barbacoa y 1 de salsa de guindilla**

- **1 cucharadita de azúcar moreno**

- **Sal, pimienta, clavo y cardamomo molidos**

- **250 ml de leche de coco**

- **700 g de filete de trucha**

- **Hojas de banano**

- **6 o 7 cucharadas de aceite de cacahuete**

- **200 g de yogur natural y tortitas de arroz, para acompañar**

Pele los ajos, los chalotes y el jengibre y píquelos. Mézclelos con las salsas y sazone con el azúcar, sal, pimienta, clavo y cardamomo. Añada la leche de coco. Lave el pescado, séquelo y córtelo en trozos. Póngalo en la marinada y déjelo en adobo unos 30 minutos. Entonces, reparta los trozos de trucha entre las hojas de banano y envuélvalos.

Sujete cada rollito con una brocheta de madera. Caliente el aceite y fría los paquetitos por ambos lados unos 8 o 10 minutos. Sírvalos abiertos con el yogur y las tortitas de arroz para acompañar. Las hojas de banano no son comestibles.

Bocaditos de pescado con salsas para mojar

Tiempo de preparación:
35 minutos
802 kcal/3369 kJ

Para 4 personas:

- **1 kg de filetes de pescado blanco**
- **2 cucharadas de zumo de limón**
- **Sal**
- **Pimienta**
- **2 huevos**
- **150 g de pan rallado**
- **Aceite, para freír**
- **200 g de yogur**
- **3 cucharadas de mostaza dulce**
- **2 cucharadas de cerveza**
- **Comino molido**
- **Pimentón dulce**
- **200 g de cuajada**
- **1 cucharada de nata**
- **1 pimiento rojo**
- **100 g de nata fresca espesa**
- **8 cucharadas de suero de leche**
- **1 o 2 cucharadas de curry en polvo**
- **2 o 3 cucharadas de encurtidos variados**

Lave el pescado, séquelo y córtelo en trozos. Vierta el zumo de limón por encima y salpimiente.

Pase los bocaditos por el huevo batido y luego por el pan rallado, y fríalos en el aceite bien caliente hasta que se doren. Déjelos sobre papel de cocina para que absorba el exceso de aceite. Resérvelos calientes.

Mezcle el yogur, la mostaza y la cerveza. Sazone con sal, pimienta, pimentón y comino.

Mezcle la cuajada con la nata. Lave el pimiento, pártalo por la mitad y quítele las semillas. Córtelo en daditos y mézclelos con la cuajada y la nata. Salpimiente la salsa.

Mezcle la nata fresca con el suero de leche y sazone con sal, pimienta y curry. Escurra los encurtidos y píquelos. Añádalos a esta tercera salsa. Sirva los bocaditos de pescado con las tres salsas para mojar.

Índice de recetas

A

Albóndigas de pescado con salsa
de cacahuete 153
Alcachofas con vinagreta y
mantequilla al limón 39
Arroz al gratén 108
Arroz *basmati* a la griega 121

B

Berenjenas con relleno de mijo........137
Berenjenas fritas con *wasabi* 54
Berros caribeños............................. 17
Bistecs de queso en lecho
de hinojo 74
Bocaditos de pescado con salsas
para mojar.......................159
Bolitas de patata............................ 82
Bucatini «diavolo» 109
Bulgur con azukis 135
Burritos de cuscús..........................131

C

Caldo de verduras con albóndigas
de sémola 56
Canapés de tomate 55
Cangrejos de río picantes.................155
Carpaccio de atún 151
Cazuela de garbanzos 139
Cazuela de pescado al curry 150
Cazuela india de legumbres 143
Cazuela multicolor de alubias...........130
Cazuela de arroz integral picante 116
Cebollas rellenas.............................140
Consomé de flores de huevo
con apio 63
Corona de queso y patatas
con verdura..................... 84
Croquetas de maíz con salsa
de naranja 38
Croquetas de tofu 146

E

Empanadillas de patata 99
Empanadillas picantes
de puerro 57
Ensalada berlinesa de patatas..........100
Ensalada crujiente de zanahoria
e hinojo 18
Ensalada de alcachofas «cavour» 28
Ensalada de col lombarda 16
Ensalada de escarola al estilo
del gourmet..................... 25
Ensalada de fideos de celofán..........110
Ensalada de huevos de codorniz
con alioli al limón 71
Ensalada de salsifís negros 33
Ensalada de setas y brotes.............. 21
Ensalada frutal de endibia 19
Ensalada griega 23
Ensalada refinada de aguacate 22
Ensalada sueca de setas 30

Ensalada tibia de verduras 27
Escanda al gratén con queso
de cabra..................... 134
Espárragos con *pappardelle*............125
Estofado de mango y aceitunas
con huevos 65
Estofado de patatas 89
Estofado exótico de calabacines...... 44
Exquisitas brochetas de salmón.......156

F

Fideos de patata con crema de col .. 90
Filetes de apionabo con salsa
de fruta 45
Fondue de verduras......................... 53
Fuente de remolacha roja aromática .31

G

Gelatina selecta de huevos
y hortalizas 59
Gratinado multicolor de huevo
y hortalizas 76
Gratinado picante de brécol 48

H

Hamburguesas de verdura 43
Hojas de arroz rellenas 29
Huevos escalfados con espinacas
y salsa de yogur..................... 62
Huevos revueltos mexicanos........... 68

L

Lasaña de pisto 115
Lentejas de Puy a las finas
hierbas 129
Lucio guisado a las hierbas 154

M

Mazorcas a la parrilla con
mantequilla de berros 49

N

Nidos de verduras y lentejas 142

Ñ

Ñoquis al curry..................... 93

P

Paquetitos de col rellenos
de arroz..................... 114
Pasta con cebollas caramelizadas.....113
Pasta con salsa *teriyaki* 107
Pastel picante de patata 102
Patatas a la trufa............................101
Patatas aromáticas con salsa
para mojar..................... 87
Patatas de San Juan rellenas 94
Patatas gratinadas.......................... 83
Patatas gratinadas con bechamel 103
Patatas y coles de Bruselas
al gratén 88

Pescado en hojas de banano 157
Pilaf rojo al ajo 123
Plato agridulce con queso
de cabra 77
Plato de espárragos con
aguaturma..................... 24
Plato de tofu y cebada....................133
Plumas gratinadas con crema
de hinojo 122
Polenta con acelgas 136
Puré sabroso.................................. 97

Q

Quesadillas de arroz salvaje 111
Quinoa al gratén 128

R

Raviolis al estilo «Mamma Lucia» 117
Refinada terrina de patatas 96
Risotto con colmenillas...................119
Rollitos al horno.............................. 36
Rollitos de tortitas asiáticas............. 64

S

Sabrosa tarta de queso 67
Sartenada de patatas 95
Sopa cremosa de guisantes 141
Sopa de cebolla al curry 37
Sopa de patatas a la jardinera 85
Sopa de pepino 51
Sopa de setas con sombrero
de hojaldre 41
Sopa multicolor de pasta.................120
Sopa picante de tomate 42

T

Tamales de maíz y judías.................147
Tartaletas de huevo a las hierbas 69
Torta francesa de manzana
y calabaza..................... 50
Tortilla de patatas a la hortelana.......91
Tortilla de queso a la provenzal 70
Tortillas mexicanas con huevo
y salsa picante 73
Tortitas integrales............................ 75
Tortitas multicolores de patata 81

V

Vegeburger.....................................145
Verduras con salsa de cebolla 47

160